EL PRIMER

DE

AMÉRICA

COLECCIÓN UNIVERSAL DE DICHOS

VOLUMEN II

Nelfa Chevalier

En esta colección encontrarás los dichos más antiguos y famosos del mundo. Aquí te explicamos sus significados y a que se refieren todas estas expresiones de sabiduría popular. La mayoría de ellas están acompañadas de frases célebres de escritores o importantes personalidades del mundo. También de reflexiones de la autora. Añadiendo a cada uno de los dichos, como soporte espiritual, un mensaje bíblico apropiado a su contenido gramatical.

Tabla de Contenido

13) « CREA FAMA Y ÉCHATE A DORMIR »

Cita relacionada al dicho:

14) « CRÍA CUERVOS Y TE SACARÁN LOS OJOS »

Comentario histórico

Cita relacionada al dicho:

15) « DA MÁS VUELTAS QUE UNA NORIA »

Comentario

Cita relacionada al dicho:

16) « DAR UN CUARTO AL PREGONERO »

Comentario histórico

17) « DEBAJO DE UNA YAGUA VIEJA SALTA TREMENDO ALACRÁN »

18) « DESPACIO SE LLEGA LEJOS »

Cita relacionada al refrán:

19) « DESPUÉS DE LA TORMENTA VIENE LA CALMA »

Comentario histórico

20) « ¿DIME DE QUÉ ALARDEAS?, Y TE DIRÉ DE QUÉ ADOLECES »

Cita relacionada al refrán:

21) « DONDE MANDA CAPITÁN, NO MANDA MARINERO »

Cita relacionada al refrán:

22) « EL CASTIGO SIEMPRE VIENE A CABALLO »

Comentario histórico

Citas relacionadas al refrán:

23) « EL HOMBRE PROPONE Y DIOS DISPONE »

Cita relacionada al refrán:

24) « EL OJO DEL AMO ENGORDA EL CABALLO »

Cita relacionada al refrán:

25) « EL PASAJERO SE CONOCE POR LA MALETA »

Cita relacionada al refrán:

26) « EL QUE LLEGA PRIMERO BEBE AGUA LIMPIA »

Cita relacionada al refrán:

27) « ENTRE LA ESPADA Y LA PARED »

Cita relacionada al dicho:

28) « ES PEOR EL REMEDIO QUE LA ENFERMEDAD »

Cita relacionada al dicho:

29) « ESPERANDO LA CIGÜEÑA »

Comentario histórico

Cita relacionada al dicho:

30) « ¡ESTO ES JAUJA! »

Comentario histórico

Cita relacionada al dicho:

31) « HAY QUE CORTAR POR LO SANO »

Cita relacionada al dicho:

32) « HAZ BIEN Y NO MIRES A QUIEN »

Comentario histórico

Cita relacionada al dicho:

33) « HIERBA MALA, NUNCA MUERE »

Cita relacionada al dicho:

34) « HIJO DE GATO CAZA RATÓN »

Cita relacionada al dicho:

35) « IR DE CAPA CAÍDA »

Comentario histórico

36) « LA LENGUA ES EL CASTIGO DEL CUERPO »

Cita relacionada al dicho:

37) « LA MONA AUNQUE SE VISTA DE SEDA, MONA SE QUEDA »

38) « LA OVEJA MANSA SE TOMA SU LECHE Y LA AJENA »

Cita relacionada al dicho:

39) « LA PRÁCTICA HACE LA PERFECCIÓN »

Cita relacionada al dicho:

40) « LAS COSAS CLARAS Y EL CHOCOLATE ESPESO »

Comentario histórico:

Cita relacionada al dicho:

41) « LO AGARRARON DE CHIVO EXPIATORIO »

Comentario histórico

42) « LOS PAJAROS LE TIRAN A LA ESCOPETA »

Comentario histórico

43) « MATARON LA GALLINA DE LOS HUEVOS DE ORO »

Comentario histórico

Cita relacionada al dicho:

44) « MÁS VALE ESTAR SOLO, QUE MAL ACOMPAÑADO »

Comentario histórico

45) « MÁS VALE UN VIEJO CONOCIDO, QUE UN NUEVO POR CONOCER»

Cita relacionada al dicho:

46) « MÁS VIEJO QUE MATUSALÉN »

Comentario histórico

47) « NO BASTA SER BUENO, HAY QUE PARECERLO »

Cita relacionada al dicho:

48) « NO DEJES CAMINO REAL POR VEREDA »

Cita relacionada al dicho:

49) « NO DEJES PARA MAÑANA, LO QUE PUEDES HACER HOY »

Cita relacionada al dicho:

50) « NUNCA FALTA UN PELO EN UN SANCOCHO »

Cita relacionada al dicho:

51) « OJOS VEMOS, CORAZONES NO SABEMOS »

Cita relacionada al dicho:

52) « PARA CORTARSE LAS VENAS »

Cita relacionada al dicho:

53) « PELITOS A LA MAR »

Comentario histórico

Citas relacionadas al dicho:

54) « PERFUMES BUENOS VIENEN EN FRASCOS PEQUENOS »

Comentario histórico

55) « PERRO QUE LADRA, NO MUERDE »

Cita relacionada al dicho:

56) « PREDICANDO EN EL DESIERTO »

Comentario histórico:

Comentario

57) « QUE NO TE DEN GATO POR LIEBRE »

Comentario histórico

58) «QUERER ES PODER »

Cita relacionada al dicho:

59) « SATISFECHA YO, Y EL MUNDO PAGO »

Cita relacionada al dicho:

60) « SE AHOGA EN UN VASO DE AGUA »

Cita relacionada al dicho:

61) « SI VES QUE LE CORTAN LA BARBA A TU VECINO PON LA TUYA EN REMOJO »

Comentario histórico

Citas relacionadas al dicho:

62) « SIEMPRE HAY UN ZAPATO VIEJO PARA UN PIE CANSADO »

Comentario histórico

63) « TAL PARA CUAL »

Cita relacionada al dicho:

64) « TANTO DA LA GOTA EN LA PIEDRA, HASTA QUE LE HACE UN HOYO »

Cita relacionada al dicho:

65) « TENEMOS QUE OIR LAS DOS CAMPANAS »

Categoría: *Refrán popular.*

Cita relacionada al dicho:

66) « TIENE CARA DE POCOS AMIGOS »

Cita relacionada al dicho:

67) « TODO EL MUNDO ES BUENO, HASTA QUE SE DEMUESTRE LO CONTRARIO »

Cita relacionada al dicho:

68) « TORRES MAS ALTAS SE HAN CAIDO »

Cita relacionada al dicho:

69) « UNA ATENCIÓN VALE MUCHO Y CUESTA POCO »

Cita relacionada al dicho:

70) « UNA FRUTA PODRIDA DAÑA TODAS LAS DEMÁS »

71) « VIENE CON EL PAN DEBAJO DEL BRAZO »

Comentario histórico

72) « YO HAGO DE TRIPAS, CORAZÓN »

Comentario histórico

73) « YO SÉ DONDE ME APRIETA EL ZAPATO »

74) « YO SOY DE MONTE Y TIERRA LLANA »

Cita relacionada al dicho:

75) « YO SOY UNA TUMBA »

Cita relacionada al dicho:

REFERENCIAS DE LOS DICHOS

BIBLIOGRAFÍA

ESCRITORES CITADOS EN LOS DICHOS

DEDICATORIA

Dedico con amor, **El Primer Dichonario de América**; *Colección Universal de Dichos:*

A Dios.

¡Gracias Señor!

Por mi oportunidad de vida.

Por la bendición y gracia que siempre Tú me has otorgado.

Por mis éxitos como mujer, madre y amiga.

Por mis triunfos profesionales.
En esta ocasión te doy las gracias por elegirme para realizar esta Colección Universal de Dichos, la cual revela el caudal de sabiduría que poseían muchos de nuestros ancestros.

A mis ancestros

Estos libros son un reconocimiento a todas las raíces humanas; todos nuestros antepasados, quienes genéticamente viven en nosotros. Incluyo de manera especial a mi abuela, Delia Quezada Román; escritora y dramaturga dominicana.

A mis padres

Mi maravilloso padre, Armando Domínguez: Escritor y Periodista; y mi encantadora madre, Francia Román de Domínguez: Licenciada en Educación y Profesora. Ellos me enseñaron la mayoría de los Dichos que aquí presento.

A mi esposo, mis hijos y nietos

A mi compañero de vida, Alberto Chevalier. A mis amados hijos, Cristina y Ricardo, a quienes de manera especial les dedico esta serie de libros; un legado de amor y ternura. El mismo corresponde a todas las alegrías que he recibido de ellos, mis dos tesoros. Desde su bendecida llegada a mi vida, ellos han iluminado mis pensamientos y han sido mi fuente de inspiración. Mis hijos son el motor que aviva mi vida, el cual me impulsa a luchar y perseverar hasta ver realizadas mis metas. Y mis dos encantadores nietos, Alyssa y Anthony a quienes adoro. Ellos también son dos bendiciones Divinas.

A la familia humana

*A toda la familia humana, porque de todos nuestros antepasados surgieron la mayoría de las frases que integran este **Primer Dichonario de América**; una **Colección Universal de Dichos**, la cual espero sea del agrado de todos mis hermanos, todos los humanos; mi gran familia.*

Para terminar esta dedicatoria he elegido una frase bíblica significativa, la cual se adapta a los propósitos concebidos en la realización de esta serie de libros. Es la siguiente:

Proverbios 18:10: «El nombre del Señor es torre fuerte; a ella entra el justo, y está a salvo».

EL PRIMER DICHONARIO DE AMERICA

Colección Universal de Dichos

Prólogo

El Primer Dichonario de América *es una Colección Universal de Dichos históricos, famosos y populares. Su contenido se basa en una amplia recopilación de expresiones que desde niños escuchamos, reiteradamente, de nuestros familiares y vecinos. Luego esa repetición continua despertó en mí el deseo de indagar sobre este tema. En esa búsqueda pude percibir, que no sólo la historia del refrán es muy antigua también, en términos generales es de suma importancia para la lingüística de un país. Partiendo de la emisión de ideas sabias de gente de diferentes naciones, quienes en disímiles épocas y escenarios originaron esta compilación de datos invaluables; y terminando con nuevas expresiones de nuestros días.*

Debido al léxico de algunas de estas paremias, en distintos países se han destacado un sinnúmero de personalidades. Pero además, muchas de esas ideas surgieron de personas comunes, quienes motivadas o afectadas por múltiples escenarios de sus vidas, formulaban sus pensamientos de manera indirecta. Una forma muy sabia de expresión; porque la misma no provoca disgustos ni causa conflictos. Además, es realmente sorprendente como a pesar del tiempo transcurrido desde la creación de muchas de esas frases, estas siguen siendo usadas e interpretadas en posteriores siglos. Incluso, el paso de los años las hace más verídicas. Innumerables expresiones populares se extienden hasta contagiar a la gente de distintos sectores de una ciudad o nación de procedencia.

Los dichos son expresiones de vocabulario corto, pero preciso. Estos emiten su mensaje, por lo general, en sentido alegórico. De ese modo su estructura gramatical facilita su rápida divulgación; logrando luego, traspasar fronteras y mares. Aún más, un incontable número de esas locuciones han permanecido durante generaciones completas; mientras otras son tan evidentes que han cruzando los límites del tiempo a través de diversas familias y sus descendientes. Luego, su sabia generalización va transcurriendo, lado a lado, a los siguientes sucesores humanos. Utilizando su audaz forma característica, y a la vez pacífica; un sinnúmero de esas frases logran penetrar en épocas futuras.

Hoy día, a nivel mundial, todos esos enunciados forman parte del legado cultural que nos dejaron todos nuestros ancestros. La elaboración etimológica emitida por cada una de esas frases se considera meritoria y significativa para cada dialecto. Todas se caracterizan por sus mensajes de observaciones, advertencias o simples enseñanzas de sabiduría popular. Esta Colección Universal de Dichos además incluye, una recopilación de frases célebres de hombres intelectuales. Sus aportes científicos y didácticos datan de miles de años atrás. Enfatizando, la inteligencia excepcional de esas distinguidas personas sirvió de base a la formación de muchas escuelas que promovieron el aprendizaje y abastecieron la cultura; por tanto, el incremento de la civilización.

*Esos grandes hombres impulsaron el desarrollo cultural de sus generaciones y las posteriores. Otros, en sus respectivos tiempos y mediante sus ingenios, consiguieron descubrir grandes secretos de la naturaleza; entre los cuales se encontraron diversas riquezas naturales, que se habían mantenido vírgenes en este planeta durante largos periodos de tiempo. De ese modo, sus descubrimientos y creaciones alcanzaron un alto grado de importancia para todos. De hecho sus valiosos aportes ayudaron, y aún continúan ayudando grandemente, a toda la Familia Humana. Por los beneficios que nos han aportado sus excelentes trabajos y los mensajes educativos de sus ideas, sus frases han sido consideradas dentro de los propósitos de este **Primer Dichonario de América**.*

*Desde que todos sus adagios, axiomas, apotegmas y proverbios son muy reveladores. Estos nos ayudan a mantener una buena convivencia familiar y el respeto hacia los demás. Luego, tanto intelectuales como gente común valoran, enuncian y conservan esas frases convirtiéndolas en refranes populares. Para demostrar la validez de lo antes mencionado, **El Primer Dichonario de América** muestra un dicho muy popular; este expresa: **"Un clavo, saca otro clavo".** Una frase expresada por Cicerón; filósofo y político romano. Su biografía indica el tiempo de su muerte: año 43 antes de Cristo. Después de esta prueba contundente también es de interés explicar, sobre el léxico literario de las dicciones expuestas en esta **Colección Universal de Dichos**.*

*Debido al lenguaje y mensaje que contiene y transmite cada una de las referidas frases de esta colección, estas fueron conceptuadas en las siguientes categorías: **Dichos**, **refranes**, **adagios**, **aforismos**, **apotegmas**, **axiomas**, **máximas** y **proverbios**. La intención es, que los lectores puedan identificar la naturaleza de cada una de ellas. A partir de este espacio comienza una ruta de conocimientos. Esta los ayudará a entender la diferencia entre los distintos grupos de locuciones mostrados arriba. Además, su explicación les ofrecerá una amplia visión de sus significados. Por tanto, empecemos definiendo los **"dichos"**. Ahora bien, por qué iniciamos la sección con* estas frases? Porque todos son dichos, pero expresados de diversas formas. Partiendo de la forma de expresión o *"decir popular"*, se determina su clasificación.

Por tanto, un dicho simple es una sentencia que posee dos vertientes. La primera presenta expresiones generales; por ejemplo: *"Unas van de cal y otras van de arena"*. La segunda trata oraciones sin sujeto; estas solamente tienen un predicado; tal como, *"Esperando la cigüeña"*. Como podemos apreciar esas expresiones son imprecisas, requieren más información. Continuamos con los **"refranes"**. Estos son enunciados populares con sujeto y predicado. Sus vocablos presentan conceptos claros de interpretar, y además estos logran alcanzar un grado tradicional. Por ser enunciados verídicos son aceptados por innumerables personas. Muchas de sus emisiones se escuchan en altos niveles sociales.

Esas frases incluyen, tanto los que pertenecen a autores conocidos como a personas comunes. En ambos casos, las personas exponen sus opiniones basándose en sus impresiones particulares. La composición del refrán siempre emite una observación, consejo o enseñanza. Una de sus características es la siguiente: su contenido literal elaborado en forma de verso o guardando cierto ritmo, como este: *"Genio y figura hasta la sepultura"*. De igual modo, la mayoría de ellos son explícitos. Algunos despiertan el buen humor de la gente; por ejemplo: *"La mona aunque se vista de seda, mona se queda"*. Fue la repetición continúa de estas ideas que las convirtieron en refranes populares. Ese último punto constituye la raíz del por qué y anonimato de dichos y refranes.

Su origen y desarrollo establecen su formación, aceptación y permanencia. En fin, esas frases se difunden en una población, propagándose hasta el punto de alcanzar niveles internacionales. Ahora seguimos con los **"adagios"**. Estos comprenden oraciones de sabiduría popular, que expresan un conocimiento o consejo. Asimismo, estas pueden enfatizar un concepto; tal como: *"Más vale tarde que nunca"*. Luego, en otro contexto tenemos los **"aforismos"**; estos encierran palabras breves propuestas como reglas de las ciencias o las artes. El primero en expresarlos fue Hipócrates (460 a. C.-370 a. C.); médico de la Antigua Grecia. Uno de sus aforismos reza así:

"A grandes males, grandes remedios"; y también este: **"La vida es corta; el arte es largo"**.

Proseguimos con los **"apotegmas"**. De forma simplificada, estos manifiestan normas de conductas; en especial, los que pertenecen a hombres ilustres, tales como los de

Solón (638 a. C.-538 a. C.); poeta, legislador y estadista de Atenas. Solón fue uno de los siete sabios de Grecia. El siguiente es uno de sus apotegmas:

"...Incrusta tus palabras en el silencio y el silencio en las circunstancias. No mientas, di la verdad. No te dediques a nada que no sea honesto".

*En seguida presentamos los **axiomas**. En lógica, estos son proposiciones generales o premisas evidentes consideradas verdaderas, sin demostraciones. En esta variedad de frases citamos un axioma de la comunicación, del psicólogo y filosofo australiano Paul Watzlawick; este dice así:*

"Es imposible no comunicarse".

*A continuación los **axiomas** de quien escribe, Nelfa Chevalier:*

La educación es esencial. *También este:* **Sin educación no hay cultura.** *Otro más:* **La sabiduría no tiene límites.**

*En seguida proseguimos con las **máximas**. Estos son enunciados de tradición propia o particular. Por lo general, estas locuciones son de autores conocidos. Sus léxicos formulan: un principio moral, un consejo o una enseñanza; como la siguiente:* **"La verdad es grandiosa y su eficacia perdura"**; *y esta de Miguel de Cervantes Saavedra:*

"La verdad adelgaza y no quiebra, y siempre anda sobre la mentira como el aceite sobre el agua".

*Para concluir la clasificación de los dichos tenemos los **proverbios**. Estos se basan en reflexiones variadas. Las mismas constan de una elaboración inalterable y un léxico de cognición popular. Destacando los proverbios derivados de consideraciones intelectuales, las cuales son transmitidas vía literaria. En este renglón se encuentran los proverbios de Salomón (1015 a. C.-928 a. C.), hijo de David; citados en el libro Sagrado, la Biblia. Este es uno de ellos:*

"Seis cosas aborrece Jehová, y aún siete abomina su alma: 1) ojos altivos; 2) lengua mentirosa; 3) manos derramadoras de sangre inocente; 4) corazón que maquina pensamientos inicuos; 5) pies presurosos para correr al mal; 6) testigo falso que habla mentiras: 7) el que siembra discordia entre hermanos".

El máximo objetivo de esta recopilación de dichos es brindar entretenimiento y cultura a la vez. Desde que algunas de estas expresiones en muchos casos sirven de diversión, porque provocan risas; mientras otras, nos aconsejan o advierten sobre posibles peligros. Estas frases son tan genuinas, que a lo largo del tiempo ellas han sido las bases de numerosas pláticas y participes de un sinnúmero de campañas publicitarias. Indistintamente, estas frases son complementarias o intermediarias de diversos temas cotidianos, empresariales, comerciales e incluso, fuentes inspiradoras de temas musicales y teatrales.

Si partimos del tiempo de vida de la mayoría de esas locuciones, las cuales datan de miles de años atrás, básicamente sus valores históricos y culturales radican en su auténtica trascendencia. Por ese motivo, todas ellas forman parte de nuestras culturas y tradiciones. En ese sentido vale mencionar las tres misiones del Primer Dichonario de América:

A) La primera de ellas es explicar, a que se refiere cada una de las frases elegidas. Distintos casos muestran, que su construcción gramatical transmite un mensaje; no obstante conservan un trasfondo, no evidente. Por lo tanto, el punto central de su contenido no es percibido por las personas que las leen, escuchan o emiten.

B) La segunda tarea, y la más importante es, exponer sus significados de manera individual. Luego, analizar su contenido, en todas sus derivaciones; es decir, tanto en refranes populares como adagios, aforismos, apotegmas y proverbios. Ese contexto se ha empleado en las frases célebres de distintos autores, escritores y personalidades de todo el mundo.

C) La tercera labor es, presentar la enseñanza que se obtiene de cada expresión.

Después de esas pautas, los lectores podrán comprender, inequívocamente, todos sus mensajes. Este estudio se ha hecho con palabras sencillas. Su análisis se ha basado en el contenido gramatical de cada expresión. El propósito final de esta Colección de Dichos: **El Primer Dichonario de América** es el siguiente: una vez que conocemos a qué se refieren estas frases y sus distintos significados, todos las podremos aplicar correctamente. En seguida, un buen ejemplo de refrán; este dice: "Ojo por ojo y diente por diente". Este se refiere a la "venganza". El mismo significa, devolver al agresor un daño similar al aplicado a su víctima. Separadamente a lo anteriormente descrito, en casi todas las locuciones se ha agregado una reflexión de quien escribe.

Pero además, como muchos de esos enunciados transmiten ideas enérgicas de odio, rencor o venganza, como el ejemplo mostrado arriba, y otros comunican sentimientos de falsedad, envidia o rivalidad, estas han sido razones válidas para adicionar en cada una de las expresiones un mensaje bíblico apropiado, propuesto como apoyo espiritual a sus distintos argumentos. Ese mensaje bíblico nos ayuda a reflexionar sobre lo bueno o malo; verdadero o falso; cierto o equivocado de la frase presentada en cada página. Además, si nos detuviéramos un instante a meditar sobre el lenguaje de los dichos podríamos comprender, que estos se pueden utilizar en situaciones adversas, sin causar reacciones extremas entre los involucrados en dichos asuntos.

Acentuando, el vocabulario de casi todos ellos está expuesto de manera indirecta. Esa es la mejor parte de estas locuciones. Es una excelente forma de mostrar una enorme sabiduría. A excepción de algunos de ellos, tales como: "Qué pequeño es el mundo" o "Dichosos los ojos que te ven"; esas expresiones surgen de situaciones negativas, que generan confusiones o problemas entre la gente. Aunque de forma paradójica, esas mismas ideas nos pueden conducir de manera positiva hacia la aclaración, solución o recapacitación del mismo tema. Por otra parte, en todas las ediciones los lectores podrán encontrar los más históricos y significativos dichos.

La mayor importancia de estas locuciones radica en su elaboración. Estas fueron construidas de tal modo, se pueden aplicar en la actualidad, y debemos considerar su válida emisión en todos los tiempos. De hecho así viene sucediendo. En este siglo XXI expresamos frases que surgieron antes de Cristo, como las mencionadas arriba. En otro contexto, los mensajes de la mayoría de esos dichos se consideran **educativos**; porque establecen un aval al consejo, prevención o advertencia; fundamentalmente, cuando nos encontramos en ambientes de cuidado o enfrentamos situaciones de peligro. Mencionando de manera especial un refrán que aprendí de mis padres, el cual reza así: "Hay que contar hasta diez, antes de hablar".

Esa frase se refiere al intervalo de tiempo que existe entre el pensamiento concebido y su expresión. Significa: debemos pensar antes de expresar nuestras ideas para hacerlo de forma correcta o apropiada. Referente a los dichos, existe un punto importante que debemos saber, y es el siguiente: como se menciona al inicio de este prólogo, la mayoría de estas frases provienen de siglos pasados; luego utilizamos esas expresiones sin detenernos a pensar sobre sus creadores. Fueron personas que elaboraron esas ideas, y de una forma u otra, al nosotros emplearlas también traemos de modo inconsciente a nuestra época y plano personal sus pasadas vivencias. Debido a que el "dicho" que citamos en ese momento le surgió a alguien por algún evento de su vida.

*Del mismo modo, aunque nos encontramos en otro tiempo, diferente nación y generación, cuando usamos sus frases no sólo proveemos crédito a sus sapiencias también, le damos el debido valor al intelecto humano desde sus orígenes. Desde que muchas de las reflexiones expuestas en esta **Colección Universal de Dichos** surgieron en siglos, naciones y descendencias distintas; pero positivamente, muchas de ellas están uniendo o conectando gente de distintos continentes. Realmente la mayor parte de nosotros, en un momento específico, integramos estas frases a nuestro lenguaje diario para complementar nuestra comunicación. Por tales razones, esas frases se mantienen vivas y perpetúan su existencia.*

Por los motivos antes explicados declaro y asumo lo siguiente: Universalmente, todos los dichos son parte del tesoro terminológico del lenguaje de cada nación.

Primero*: sus terminologías forman parte del legado cultural de nuestros ancestros.*

Segundo*: sus variados contenidos literarios, tanto nos aconsejan como nos advierten de conflictos o peligros que pueden perjudicar nuestras vidas o la de nuestros seres queridos. Por cierto, de acuerdo a algunas pesquisas y variadas fuentes de datos, existe por lo menos un dicho para cada ocasión.*

Tercero*: el 80% de las locuciones han sido elaboradas en sentido alegórico. Un dato sumamente importante. Esa característica facilita su emisión, y a la vez descarta toda posibilidad de una confrontación directa entre el emisor y el interlocutor.*

Cuarto*: todos los dichos complementan nuestras exposiciones al hablar o escribir; y por qué no? ellos también enriquecen el vocabulario de los humanos. Efectivamente, muchas de estas frases enriquecen la información de los medios de comunicación.*

Quinto*: ellos nos ayudan a sobrellevar, cordialmente, nuestras convivencias diarias con los demás.*

*Particularmente, quien escribe, se siente muy orgullosa de ser una mujer Latina y tener el privilegio de hacer este importante reconocimiento a nuestras raíces latinas y la de todas las nacionalidades del mundo. Por tal motivo es un honor para mí presentar esta **Colección Universal de Dichos**, destacando las sapiencias de todos nuestros antepasados. Enfatizando, cada una de las ediciones de esta colección me ha llenado a plenitud de inmensas satisfacciones. Comunicar a mucha gente las ideas concebidas por personas de diferentes países y generaciones ha sido realmente muy grato. Para terminar quiero compartir con todos ustedes la siguiente frase bíblica de Jesús; Él dijo: **"En la casa de mi padre hay muchas mansiones".** (Juan 14:2).*

Espero humildemente mediante nuestra fe y reflexión, todos podamos trazar un sendero Divino que nos conduzca hacia las moradas de Jehová; nuestro Creador y Dios. Un ser Divino sin intereses materiales, como los que poseemos los humanos. Su amor y bondad llenan el universo. Solamente Dios, todopoderoso y magnánimo puede salvar nuestras almas del fuego eterno, abriendo las compuertas del cielo para cobijar a todos sus hijos.

COLECCIÓN UNIVERSAL DE DICHOS

VOLUMEN II

75 DICHOS

HISTÓRICOS, FAMOSOS Y POPULARES

Nelfa Chevalier

1) «*ABRE LOS OJOS*».

Abrojos comunes

Categoría: *Refrán de sabiduría popular.*

Se refiere: *a la advertencia de un riesgo o peligro.*

Significado: "Abre los ojos" *es una frase proverbial que establece una advertencia. Cuando abrimos los ojos, naturalmente, podemos apreciar todo a nuestro alrededor. Precisamente, ese es el significado de esta frase. Debemos mantener nuestros ojos bien abiertos, para no ser sorprendidos por alguien mal intencionado o algo perjudicial. Pero eso no quiere decir desconfiar de todo el mundo, sino estar alertas para poder intuir los incidentes o problemas, antes que estos se presenten.*

En sentido general, cuando alguien emplea este dicho es porque tiene conocimientos sobre posibles peligros, los cuales pueden afectar a una o varias personas y sus propiedades. Esta expresión es común cuando unos desean alertar a otros sobre un peligro que se les avecina o una situación perjudicial. Un refrán que además nos indica a todos, no vivir confiados. Desde que ser prevenido es un modo perspicaz de cerrar las puertas a las desagradables sorpresas.

*Partiendo del despertar, al **"abrir los ojos"**, empieza nuestra realidad. Empezamos a estar conscientes de los hechos o acontecimientos a nuestro alrededor. En ese caso, "Abre los ojos" es una frase referente a ser realistas u objetivos.*

Moraleja: *Debemos estar alertas con un ojo avizor. Este nos puede ayudar a prever riesgos o peligros. Así podremos defender nuestras familias y todas nuestras pertenencias.*

Reflexión: *Muchos sufrimientos se evitan cuando las desgracias se prevén a tiempo. El sabio se previene de los peligros; el Tonto vive confiado.*

Abrojos inmaduros

Comentario histórico: *En latín, **Abrojo** significa, **"Abre el Ojo"**; un término extraído de la forma "apere oculum". Luego, se denomina **Abrojo** a la planta perteneciente a la familia de las cigofiláceas. Se caracteriza por sus tallos largos, rastreros y frutos espinosos. Estos arbustos no sólo perjudican a las personas que hacen contacto con* ellos, también a las cosechas de los agricultores. Debido a su naturaleza forestal, sus ramas son retorcidas y espinosas. Estas malezas cuando se acercan a las plantas y toda producción, las exterminan totalmente.

Originalmente, este dicho se usaba para advertir a la gente que acostumbraba caminar por donde abundaba esta planta. De ese modo, las personas se mantenían alertas al pasar por esos lugares. Este arbusto siempre ha sido considerado una hierba mala. En el sur de África, sus frutos se utilizan como armas suicidas. A estos los africanos les añaden el jugo de Acokanthera Venenata, luego, estos se colocan en el camino del enemigo para ocasionar su muerte. También se denominaba **Abrojo**, a unas piezas de hierro en forma de estrella con púas o cuchillas.

En el pasado, esos recortes de acero se desplegaban en el terreno de batalla para dificultar el paso del adversario. Por otra parte, el nombre botánico del abrojo es Tribulus Terrestris. Este se utiliza a modo de Tónico y como afrodisiaco a través de Infusiones. De hecho, en China esta planta es parte de su medicina herbal. Los chinos también la utilizan, para curar o controlar problemas urinarios; así como para la producción de leche materna.

En la India, esta misma planta se usa como afrodisiaco y para combatir las complicaciones del pecho, oftalmia y aumentar la potencia sexual. Según estudios científicos, el T Trerrestris incrementa la HDGn; una hormona desencadenante de la Gonadotropina. En consecuencia, esta hormona aumenta la Testosterona del hombre, en aquellos que presentan niveles bajos de la misma. Otros efectos positivos de esta planta son: ayuda a la Médula Ósea, Producción de Eritrocitos y del Sistema Inmunitario.

Mensaje bíblico: *«Prov. 22:3:* **"El hombre prevenido ve que viene la desgracia y se pone a resguardo; los tontos siguen adelante y pagan las consecuencias"***».

2) «A CABALLO REGALADO NO SE LE MIRA EL COLMILLO».

Caballos. De: Linnaeus, 1758

Categoría: *Refrán popular.*

Se refiere: *a los obsequios.*

Significado: *Este refrán se refiere a los obsequios. Los obsequios son atenciones que se tienen con alguien que queremos o quien merece nuestro aprecio o consideración. Esos detalles los debemos agradecer, sin tomar en cuenta sus valores materiales.* **"A caballo regalado no se le mira el colmillo"** *significa lo siguiente: los obsequios se*

23

proveen con la intención de agradar. Al recibirlos, estos deben llenarnos de satisfacciones. Esas no son más que demostraciones de cariño o aprecio; Por tales razones no debemos criticar o menospreciar ningún regalo.

Moraleja: *El agradecimiento es parte de los valores humanos y la educación está contenida en los principios fundamentales de conducta. Por esas simples razones, debemos ser agradecidos con quienes tienen distinciones con nosotros.*

Reflexión: *Es mejor recibir una atención llena de amor de alguien sincero, que un regalo costoso de parte de una persona interesada.*

Comentario: *Aunque este refrán fue elaborado en sentido figurado, utilizando al caballo para transmitir su mensaje; ahora conoceremos un poco más sobre las características de ese animal. De acuerdo a la asociación americana de médicos veterinarios (American Veterinary Medical Association), cuando alguien decide comprar un caballo, además de observar sus condiciones generales, esa persona necesita mirar sus colmillos, encías y paladares. La dentadura determina su edad.*

Si los colmillos son largos y grandes significa que es un animal viejo; en cambio, cuando estos son cortos y pequeños, se trata de un caballo joven. La condición de sus dientes muestra su estado de salud. Una dentadura sana indica, que el animal ha recibido una buena alimentación: apropiada y balanceada. En ese caso, sus encías deben ser de color rosado. Si estas son pálidas significa, el caballo tiene: anemia, hemorragia interna o ha sufrido un fuerte shock. También, si las encías del caballo están amarillentas este podría estar enfermo de hepatitis.

Cita relacionada al refrán:

"La mente intuitiva es un regalo sagrado, y la mente racional es un fiel sirviente. Hemos creado una sociedad que honra al sirviente y ha olvidado su regalo".

Albert Einstein

(1879-1955)

Albert Einstein (1879-1955); físico-científico alemán, nacionalizado suizo y estadounidense dijo: **"La mente intuitiva es un regalo sagrado, y la mente racional es un fiel sirviente. Hemos creado una sociedad que honra al sirviente y ha olvidado su regalo".** *En esta ocasión, este extraordinario científico nos obsequió un adagio* *significativo que todo ser humano debe considerar. En la primera sección de su idea, Einstein expuso lo siguiente: **"La mente intuitiva es un regalo sagrado"**.*

*Esa frase significa: la intuición es un don; un discernimiento perceptivo, el cual nace de nuestra esencia y se manifiesta a través de nuestras capacidades personales. Mediante ese sentido natural los seres humanos podemos percibir la naturaleza de las cosas. Es una especie de instinto, por cierto muy valioso, que ayuda al hombre a captar cosas no materiales. Luego, Einstein agregó: **"La mente racional es un fiel sirviente"**; aquí él estaba significando esto: la mente racional es el resultado de nuestras ideas y convicciones. La misma la podemos conducir y dirigir a nuestra conveniencia. A diferencia de nuestra mente intuitiva, la cual es parte de nuestro ser. Por tal razón esta surge espontáneamente, cuando el momento lo amerita.*

*Prontamente Einstein completó su reflexión y adicionó: **"Hemos creado una sociedad que honra al sirviente y ha olvidado su regalo"**. En esta última pieza de su nota Einstein enfatizó lo siguiente: en sentido general, la gente solamente se está guiando por sus deseos, convencimientos, especulaciones, infalibilidades, y todo lo que su mente racional puede manejar y dictaminar. Einstein sabiamente quiso demostrarnos, que si guiamos nuestras vidas auxiliadas de las opciones que nos ofrece la mente intuitiva, nosotros podríamos tomar mejores decisiones; y efectivamente, nuestros conceptos de hermandad, moral y justicia serían los más acertados. Principalmente, estos no serían egoístas, sino justos a favor de todos.*

Mensaje bíblico: *«Prov.18:16: **"Un regalo abre las puertas"**».*

3) «*A DIOS ROGANDO Y CON EL MAZO DANDO*».

La última Cena
Obra de: Leonardo da Vinci
1495-1407

Categoría: *Refrán/Proverbio popular.*

Se refiere: *a los fieles religiosos y sus actuaciones.*

Significado: "A Dios rogando y con el mazo dando" *es un proverbio popular concerniente a los fieles religiosos. Esta expresión significa, que algunas personas acostumbran ir a la iglesia, pero cuando ellas salen de la misma se les olvida sus conceptos religiosos.* **"A Dios rogando"** *insinúa: las personas van a los templos a* orar y mantener una comunicación con Dios. Por lo tanto, lo más lógico y razonable sería ver a esos fieles manifestar el mismo amor, devoción y humildad fuera de sus templos de oraciones y sermones

Con certeza, este dicho surgió debido a la mala actitud de algunos fieles religiosos hacia los demás. Luego, **"con el mazo dando"** se refiere a lo siguiente: ciertos fieles cuando salen de un templo abordan sus vehículos; pero al conducirlos no ceden el paso a otros compañeros, quienes se encontraban dentro del mismo lugar con ellos. En ese mismo contexto están los que asisten a misa, pero luego continúan practicando sus vicios. **"A Dios rogando y con el mazo dando"** es una forma muy sutil de llamar la atención a las personas que dicen "creer en Dios", pero quienes mantienen una conducta contraria a las normas religiosas.

Moraleja: No importa el país o lugar donde nos encontremos, la educación debe prevalecer por encima de todas las cosas. En cuanto a la religión, todos los creyentes debemos mostrar nuestros principios religiosos; aún más, que se nos distinga a través de los mismos.

Reflexión: Los fieles religiosos deben representar y realzar mediante sus conductas, la congregación a la cual ellos pertenecen. **Sólo quienes realmente nos sentimos hijos de Dios respetamos sus mandamientos y tenemos una amplia visión del futuro que nos espera.**

Comentario histórico: Juan de Mal Lara (1524-1571); humanista, dramaturgo y poeta español. ÉL escribió en el 1568 su libro titulado Filosofía Vulgar. Sobre el origen de este dicho Lara explicó lo siguiente:

"Obliga la razón que cuando tuviéramos que hacer algo, nos pongamos luego delante de la memoria del Señor, a quien debemos de pedir, y tras esto la diligencia, no esperando milagros nuevos, ni quedándonos en una pereza inútil; con esperar la mano de Dios, sin poner algo de nuestra parte pensamos que se nos ha de venir todo hecho".

Asimismo, dice Mal de Lara: **«Un carretero llevaba un carro cargado, el cual (debido al peso) se quebró en un camino donde venía San Bernardo, a quien se llegó por la fama de la santa vida que hacía, y le rogó que Dios por su intercesión le sanase el carro. Dicen que el santo le dijo: "Yo lo rogaré a Dios, y tu entretanto da con el mazo". »**

Mal de Lara añade, otros cuentan que este fue un dicho de un escultor quien tenía que hacer cientos de esculturas, y decía: «**"Dios quiera que se hagan", pero él no ponía la mano en ellas. Hasta que un día su padre le dijo: "A Dios rogando y con el mazo dando, donde bien será que en principio de toda obra os encomendéis a Dios; pero no encomendar la obra a Dios, para que Él por milagro la haga".**»

Juan de Mal Lara (1524-1571)

Cita relacionada al refrán:

"El gran peligro del cristiano es predicar y no practicar; creer, pero no vivir de acuerdo a lo que él cree".

San Antonio de Padua
(1195-1231)

San Antonio de Padua (1195-1231); sacerdote católico de la Orden Franciscana, predicador y teólogo portugués dijo: **"El gran peligro del cristiano es predicar y no practicar; creer, pero no vivir de acuerdo a lo que él cree".** *Esta nota de San Antonio es real. A partir del comportamiento de muchos creyentes. Estos son quienes creen en* la existencia de Dios, pero ellos no practican sus enseñanzas. Debemos estar seguros de nuestros votos cristianos, para demostrar con hechos la autenticidad de nuestra Fe.

En el primer segmento de su comentario San Antonio expresó: **"El gran peligro del cristiano es predicar y no practicar"**. Sin dudas, este santo estaba revelando el mal proceder de quienes pregonan los decálogos de su congregación; pero ellos mismos no actúan de acuerdo a esas requeridas leyes religiosas. En seguida, San Antonio añadió: **"Creer pero no vivir de acuerdo a lo que él cree"**. Esta segunda pieza de su reflexión explica lo expuesto anteriormente, en el inicio de su reflexión.

Cuando alguien cree, pero no vive conforme a su creencia, está presentando una total falsedad. Incluso, esa persona está mostrando un comportamiento incoherente; y todo porque no posee Fe o por lo menos, no siente la suficiente para mostrar su buena actitud hacia los demás. La Fe acoge firmemente los valores, empezando por los humanitarios; y definitivamente, por la abstinencia al pecado.

Mensaje bíblico: *«Jesús dijo:* **"Por sus frutos los conoceréis. No se cogen uvas de los espinos ni higos de los abrojos"***»*.

4) «*A HOMBROS DE GIGANTES*».

Categoría: *Dicho/Adagio famoso.*

Se refiere: *a avanzar rápidamente.*

Significado: "A hombros de gigantes" *es un adagio de un científico famoso, que se ha convertido en dicho popular. Este trata los logros obtenidos de manera rápida. Aunque todo en la vida va seguido de un ordenamiento o procesamiento, que todos debemos perseguir para conseguir nuestros propósitos;* ***"a hombros de gigantes"*** *es la prueba fehaciente que rompe algunos de los esquemas humanos ya establecidos. Significa: alcanzar nuestros objetivos a corto plazo, sin atravesar las directrices o etapas requeridas en un determinado proyecto.*

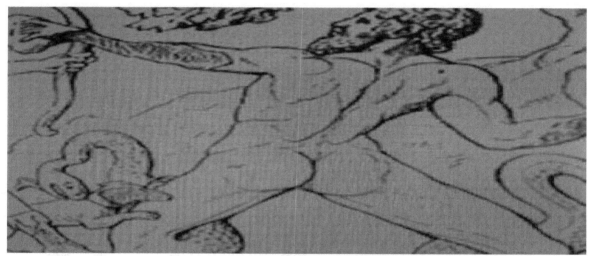

Artemisa enfrentando a un gigante

Dicho esto de otra forma, muchos seres humanos se han sacrificado y esforzado, para beneficiar a otros. Por ese motivo, algunas personas han adquirido frutos sin *esfuerzos. De ese modo estos han avanzado **"a hombros de gigantes"** Caminando sobre bases ya establecidos por otros. Entretanto, este refrán tiene las siguientes vertientes:*

A) Esta frase aplica a todos los que obtienen algo deseado con todas las facilidades posibles, sin esfuerzos ni obstáculos. B) otra se basa en el esfuerzo de la mayoría de los padres. Estos son los que se sacrifican por el bienestar de sus hijos. C) Del mismo modo están, quienes salen en busca de nuevos horizontes, atravesando mares o cruzando fronteras para brindar a sus hijos un futuro mejor, diferente al de ellos. La misma frase aplica a quienes obtienen algo deseado, con todas las facilidades posibles, posibles, sin esfuerzos ni obstáculos.

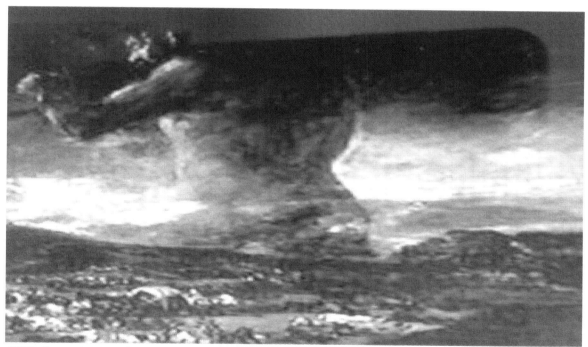

El Coloso; 1808. Autor: Goya

Moraleja: *Reconociendo las labores de otras personas realzamos nuestros valores.*

Reflexión: *"A hombros de gigante" todos podemos romper las barreras del tiempo.* ***El progreso y éxito de los individuos de todas las naciones lo establece su voluntad, dedicación y perseverancia.***

Isaac Newton

(1643-1727)

Comentario histórico: *"A hombros de gigantes"* fue una expresión creada por
*Isaac Newton (1643-1727); científico, físico, alquimista, matemático y filósofo inglés.
Su enunciado original dice:* **"Si he logrado ver más lejos ha sido, porque he subido a
hombros de gigantes"**. *Su expresión se debió a que Newton recibió una formación
autodidacta. Sus estudios se basaron en las lecturas e hipótesis de científicos de*

épocas anteriores, y esos conocimientos lo ayudaron notablemente. *"A hombros de gigantes"* fue una notable declaración de agradecimiento de Newton, hacia aquellos científicos que establecieron las primeras teorías, sobre las cuales él se apoyó para realizar sus experimentos.

Entre los libros que lo ayudaron marcadamente están: Clavis Mathematica de William Oughtred; Geometría de Descartes; Astronomía Pars Optica de Kepler; Opera Mathematica de John Wallis, sirviéndole de introducción a sus investigaciones sobre las series Infinitas; Theorema del Binomio y algunas Cuadraturas. En esa frase Newton significó, que él no tuvo que empezar sus investigaciones desde cero, sólo continuar y terminar los trabajos que otros habían ideado y comenzado. Por ese motivo, Newton logró llegar lejos en sus pesquisas científicas.

Por otra parte, debemos recocer la honestidad de Newton. Esa reveladora frase es una nota de humildad. Debido a que él era un hombre inteligente y talentoso; tanto así, que él no recibió ninguna educación universitaria. Newton fue un autodidacta. Él estudió solo, ayudado por libros de ciencias. Pero como todos sabemos, un individuo debe poseer además de inteligencia firmeza de carácter para lograr instruirse por sí solo. Naturalmente, la humildad que despliegan sus palabras es típica de sabios. Sólo los pedantes o pretenciosos actúan mostrando deliberadamente sus dotes naturales.

Mensaje bíblico: «*1 Corintios 15:57: "A Dios gracias, que nos da la victoria por medio de Jesucristo"*».

5) «AL DEDO MALO TODO SE LE PEGA».

Dedo herido. Foto: N.C.

Categoría: *Refrán proverbial.*

Se refiere *a las dolencias físicas.*

Significado: "Al dedo malo todo se le pega" *es un refrán popular. Literalmente esta frase se refiere a un dedo enfermo o herido; pero en términos alegóricos, la misma está dirigida a las dolencias físicas. Esta expresión significa: cuando un área del cuerpo está lastimada o afectada, el simple roce de cualquier objeto despierta su sensibilidad y la persona afectada siente molestia o dolor. Simultáneamente, esa fricción podría lesionar, aún más, la lesión sufrida.*

Por otra parte, no es que los objetos busquen lesionar más zonas heridas, como insinúa este dicho, sino que la persona siente intensamente cualquier tipo de contacto que se origine en esa región del organismo. Este dicho se emplea también en el contexto anímico; cuando los infortunios golpean a alguien de manera continúa; aunque esos golpes sean leves o pasajeros estos pueden lastimar fuertemente el espíritu.

Moraleja: *Es preciso cuidar y proteger las lesiones del cuerpo. En cuanto a las adversidades, estas debemos esperar que pasen con Fe y positivismo.*

Reflexión: *La salud humana es la que le da curso al desarrollo intelectual y a las actividades. Lógicamente alguien en estado enfermizo no puede presentar ideas claras. De ese modo la creatividad se aleja, porque estas requieren de ideas nuevas para poder revelarse en todas sus ramificaciones: literales, estructurales, teatrales o armónicas. Tampoco, existe bienestar físico o espiritual cuando la salud del hombre está ausente. La salud es fundamental e importante para el hombre. Sin embargo, nuestro poder natural se revela a través de nuestra fuerza interior. Su esencia puede curar hasta las peores enfermedades.*

Cita relacionada al dicho:

"Cuando la salud está ausente la sabiduría no puede revelarse, el arte no se manifiesta, la fuerza no lucha, el bienestar es inútil y la inteligencia no tiene aplicación".

Herófilo de Cos (382 a.C.-322 a.C.)

*Herófilo de Cos (382 a. C.-322 a. C.); médico de la antigua Grecia dijo: **"Cuando la salud está ausente la sabiduría no puede revelarse, el arte no se manifiesta, la fuerza no lucha, el bienestar es inútil y la inteligencia no tiene aplicación"**. A través de esas líneas Herófilo manifestó su interpretación sobre la transformación negativa que sufre un cuerpo enfermo. En su primer segmento, este médico expresó: **"Cuando*** *la salud está ausente la sabiduría no puede revelarse".* Realmente la salud humana es la que permite tanto el desarrollo del intelecto como las actividades.

Luego él expuso todo el deterioro que sufre el organismo, cuando este atraviesa por una carencia de salud. Primero, Herófilo presentó lo siguiente: **"El arte no se manifiesta".** Realmente, la creatividad requiere de ideas nuevas para poder revelarse en todas sus ramificaciones: literales, estructurales, teatrales o musicales. Estas no pueden presentarse en una fase patógena del cuerpo. En seguida Herófilo agregó: **"La fuerza no lucha".** Los quebrantos debilitan al enfermo, quien no tiene suficientes energías para luchar. Para concluir su nota Herófilo adicionó: **"El bienestar es inútil y la inteligencia no tiene aplicación".** Lógicamente no puede existir bienestar cuando la salud del hombre se deteriora o merma.

Tampoco, alguien en un estado enfermizo puede presentar ideas claras o el debido enfoque de un asunto determinado. La inteligencia se activa, sólo cuando los órganos vitales del cuerpo están en completa salud.

Mensaje bíblico: *«2 Corintios 4:17: **"Porque esta leve tribulación momentánea produce en nosotros, cada vez más, un excelente y eterno peso de gloria"**».*

6) «AL QUE LE PIQUE, QUE SE RASQUE».

Categoría: *Refrán popular.*

Se refiere: *a las críticas y las reacciones de las personas aludidas.*

Significado: *Este es un dicho singular muy conocido en América Latina. Se refiere a las críticas.* **"Al que le pique, que se rasque"** *es una expresión correlativa. Su composición está elaborada con un esquema gramatical que produce el efecto de correspondencia entre sus partes. Su intención es comunicar lo siguiente: si a alguien le molesta la actitud de una persona en particular, se puede morder, arañar o como dice este refrán, rascar; pero nada en ella va a cambiar.*

En otro orden, se puede abundar aún más sobre este dicho. En ese sentido podemos añadir lo siguiente: cuando nosotros no podemos ayudar, tampoco debemos criticar. Más bien, debemos dejar que cada quien dentro de su entorno libre su propia batalla. Los resultados individuales de todas las vivencias humanas dictarán sus conclusiones finales; y estas serán: sobre el modo de vida que cada quien ha adoptado.

Moraleja: *Las críticas no son de personas educadas. Debemos enfocarnos en nuestros propios asuntos, en lugar de estar pendientes de los de otros.*

Reflexión: *Las Críticas siempre estarán entre nosotros; y sólo ellas podrían perfeccionar nuestros conocimientos, mejorar nuestras intenciones o acciones; aclarar confusiones o invalidar todo tipo de conjetura. Todo puede suceder, cuando sus causas y efectos atraviesen la puerta de la amplia estructura que cobija la verdad.*

Cita relacionada al refrán:

"Es mejor ser loado por unos pocos sabios, que por muchos necios".

Miguel de Cervantes

(1547-1616)

Miguel de Cervantes (1547-1616); novelista, dramaturgo y poeta español dijo: **"Es mejor ser loado por unos pocos sabios, que por muchos necios"***. En la primera parte del comentario, Cervantes se refirió a las palabras sabias de los eruditos. En esta sección él expresó:* **"Es mejor ser loado por unos pocos sabios"***. Cervantes presentó en esa nota las valiosas opiniones de la gente ilustrada.*

*Estas personas emiten opiniones honestas basadas en sus conocimientos. Entre tanto, su segundo segmento se refiere a los necios; dice así: **"Que por muchos necios"**. Esta parte de su frase se refiere a las personas que hablan por decir algo, sin criterio de las cosas. Debido a su falta de conocimiento, sus palabras no tienen ningún valor.*

Mensaje bíblico: *«La Biblia dice: Pedro 3:8: **"Sed todos de un mismo corazón, compasivos, amándoos fraternalmente, misericordiosos y amigables"».***

7) «ARRIMAN BRASAS PARA SUS SARDINAS».

Categoría: *Refrán popular.*

Se refiere: *al egoísmo.*

Significado: "Arriman brasas para sus sardinas" *es una expresión que de forma indirecta indica una acción típica de gente egoísta. Aunque el origen de esta locución muestra, la misma surgió en tiempos pasados producto de ciertas trifurcas entre trabajadores de haciendas de España. Estos luchaban entre sí para calentar sus sardinas. En la actualidad, esta locución es usada cuando se desea destacar acciones egoístas, propias de personas que sólo buscan sus propios intereses.*

Moraleja: *Compartir nuestras pertenencias con los demás es una cualidad humana muy preciada. El egoísmo o el egocentrismo provienen de mentes retorcidas o de malas formaciones mentales.*

Reflexión: *El desmedido amor que siente el egoísta por sí mismo, lo convierte en un ser despreciable.*

Latas de Sardinas. Foto N.C.

Comentario histórico: *Este es un dicho originario de España. En siglos pasados, los dueños de haciendas andaluces les regalaban sardinas a sus trabajadores para contribuir a su alimentación. Al finalizar sus labores, los obreros asaban las sardinas colocándolas sobre el fuego de las llamas de las lumbreras de los caseríos. Pero las llamas se apagaban cuando alguno de ellos tomaba un trozo de brasa de dicha llama, para arrimarla a su sardina y calentarla. Esa acción provocó el surgimiento de numerosos conflictos y enfrentamientos entre ellos. Como resultado de esas disputas los hacendados prohibieran la ingesta de esos peces en sus establecimientos.*

Plácido (1809-1844)

Comentario: *Placido (Gabriel de la Concepción Valdés); 1862, poeta de origen cubano. Él menciona el dicho citado arriba, en una de sus poesías.*

Plácido tituló su poesía así:

"Cada uno arrima la brasa a sus sardinas"

¿A que no aciertas, chica (dijo Belisa a Carlota); Porqué de las maravillas que raras cuenta la historia, fue la primera en caer el gran Coloso de Rodas?
"Porque estaba sobre el mar, contestó presto la otra"
La erraste añadió Belisa; porque ningún hombre, tonta, puede ser firme aunque tenga fijos los pies en dos rocas.

Inarco las escuchaba, y exclamó "¡callad cotorras! Antes cayó destruida la torre de Babilonia, y aquella mujer salada que volvió el rostro a Sodoma"

"cada cual la brasa arrima para su sardina y sopla".

Mensaje bíblico: *«Prov. 3:28: "No digas a tu prójimo: Anda, y vuelve, y mañana te daré, cuando tienes contigo qué darle"».*

8) «*BARCO GRANDE, ANDE O NO ANDE*».

Club Med (6,780 pasajeros)

Categoría: *Refrán antiguo/Frase popular.*

Se refiere: *a la exageración mental.*

Significado: **"Barco grande, ande o no ande"** *es un refrán muy antiguo. Este se refiere a la exageración que conservan algunas personas en cuanto a sus preferencias personales. En gramática, esta es una frase construida mediante la forma literaria conocida como hipérbole. Esta consiste en la exageración intencionada. Su objetivo es plasmar en el interlocutor una idea difícil de olvidar.*

Ciertamente, existen quienes prefieren solamente las cosas de gran tamaño. A ellos no les importa si son funcionales, de buena calidad o si se adaptan a sus necesidades. Estas personas conciben cosas de inmensos tamaños o dimensiones, porque piensan son las mejores y superan las pequeñas. Pero lo que realmente les sucede es, que esos objetos grandes envanecen y satisfacen su amor propio.

De esas preferencias nació este refrán, el cual de manera indirecta expone la distorsión mental que poseen algunas personas.

Moraleja: *Debemos utilizar objetos o provisiones que satisfagan nuestras necesidades. Sin embargo, siempre van a existir personas que les gusta llamar la atención de los demás ostentando artículos de calidad, valor o gran tamaño.*

Reflexión: *No importa el tamaño de los objetos, sino la calidad de los mismos. La altura o pequeñez de las cosas son efectos de la mente humana. Todo depende del color del cristal que elijamos para mirar esas cosas.*

Cita relacionada al dicho:

"Procura ser tan grande que todos quieran alcanzarte y tan humilde que todos quieran estar contigo".

Mahatma Gandhi
(1869-1948)

Mahatma Gandhi (1869-1948); líder político de la India dijo: **"Procura ser tan grande que todos quieran alcanzarte y tan humilde que todos quieran estar contigo".** *Gandhi se refirió en este hermoso pensamiento, a la grandeza de espíritu. Primero Gandhi expresó:* **"Procura ser tan grande que todos quieran alcanzarte".** *Son muchos los que quieren imitar a las personas valiosas, en términos de espíritu e* *inteligencia. Mientras en la segunda sección de su reflexión él comunicó: **"Tan humilde que todos quieran estar contigo"**. Indiscutiblemente, la mayoría de la gente desea compartir con individuos sencillos o sinceros.*

La grandeza espiritual es muy valiosa; pero bastante escasa en estos últimos siglos. Tanto hombres como mujeres han perdido el sentido de hermandad que existió en el pasado. Sorprendentemente, eso sólo se ventila en momentos críticos; por ejemplo, terremotos, huracanes, tsunamis. Fuera de esas circunstancias, cada quien vive su vida, sin importarle las desgracias de otros. Por otro lado, la humildad está en extinción. Desde que los adelantos científicos están más allá de las expectativas de los humanos; y la gran mayoría de ellos solamente piensa en la forma de ir a su compás, adquiriendo todo lo que ella produce. En cierto modo, las personas de hoy día vivimos atadas a la ciencia en sus diversas manifestaciones.

La grandeza trata los dones espirituales; y la humildad, la sumisión. De esa manera, todos debemos estar de acuerdo en lo antes expresado. Ese es un análisis objetivo del mundo actual. Es debido a la indiferencia existente, entre unos y otros, que Gandhi antes de morir expresó esa significativa frase citada arriba. Esa nota de Gandhi nos podría animar a ser mejores humanos, en grandeza y humildad. Además, su reflexión puede contribuir favorablemente en la conducta de la juventud de nuestros días.

Mensaje bíblico: *«Prov. 23:7: **"Según piensas en tu alma, así es"**».*

9) «BARRIGA LLENA, CORAZÓN CONTENTO».

Sancho Panza
Madrid, España; 1930

Categoría: *Refrán famoso/Proverbial.*

Se refiere: *a la satisfacción y placer al comer.*

Significado: *Este refrán es muy famoso. El mismo se refiere al bienestar o placer que sentimos al satisfacer nuestro apetito.* **"Barriga llena, corazón contento"** *significa: cuando ingerimos un alimento nos sentimos cómodos con nosotros mismos. Además de la satisfacción que sentimos, durante y después de comer, esta también nos llena de alegría y gozo espiritual. Realmente, disfrutar de una sabrosa comida es un deleite, tanto físico como mental. De hecho, el ser humano se siente en paz, en total plenitud; como dice el dicho:* **"Con el corazón contento, feliz".**

Moraleja: *Comer es uno de los placeres de la vida. Por esa razón al ingerir nuestros alimentos, más que sentirnos satisfechos nos sentimos complacidos.*

Reflexión: *La alimentación es necesaria para el mantenimiento humano; pero no debemos descuidar el alimento espiritual. Mientras el sustento diario nos sirve para nuestra subsistencia material; el espiritual nos asegura vida eterna.*

Cita relacionada al dicho:

"Hemos de comer para vivir, no vivir para comer".

Henry Fielding
(1707-1754)

*Henry Fielding (1707-1754); novelista y dramaturgo inglés dijo: **"Hemos de comer para vivir, no vivir para comer"**. Comer es uno de los placeres de la vida; pero ese consumo debe realizarse y disfrutarse con moderación. En ese sentido Fielding emitió una idea verídica; él primero expresó: **"Hemos de comer para vivir"**. Eso significa: el hombre requiere del alimento diario para mantener su organismo saludable.*

*Inmediatamente, él completó su pensamiento así: **"No vivir para comer"**. Esto último hace referencia a la glotonería. Ciertamente hay personas que por diferentes motivos están la mayor parte de su tiempo comiendo", literalmente. También existen muchos problemas de salud que ocasionan esta reacción orgánica en la gente; tal como la* *ansiedad. También, algunas medicinas prescritas para tratar distintos problemas físicos y mentales.*

De igual forma el exceso de vitaminas produce esta demanda corporal. **"Vivir para comer"** *es arruinar el organismo humano paulatinamente. Su primera reacción es la presentación de una o varias enfermedades, las cuales suelen suceder de forma consecutiva hasta ocasionar la muerte del individuo. Se recomienda una alimentación balanceada y proporcional, de acuerdo a la edad, altura y peso establecido por el departamento de salud; también, según las actividades físicas de cada persona.*

Del mismo modo debemos consumir alimentos beneficiosos a la salud, evitando las grasas saturadas en las frituras. Nuestros nutrientes deben ser de calidad. Debido a que sus sustancias nutritivas pueden fortificar y mantener los órganos del cuerpo saludables, evitando que estos se enfermen. Los alimentos ricos en vitaminas, proteínas y minerales, a la vez que satisfacen el apetito de sus consumidores les proporcionan energías.

Por todas esas razones debemos considerar este consejo de Fielding al momento de realizar nuestras compras en el supermercado o mercado, eligiendo inteligentemente nuestros nutrientes.

Mensaje bíblico: *«San Juan 6:56; Jesús dijo:* **"No sólo de pan vive el hombre"**. **"El que come mi carne y bebe mi sangre, en mi permanece y yo en él"».**

10) «CADA QUIEN TIENE LO QUE SE MERECE».

Categoría: *Refrán/Proverbio famoso.*

Se refiere: *a las recompensas y los castigos, por buenas y malas acciones.*

Significado: *Este es un refrán de tipo dogmático. El mismo envuelve una creencia ideológica acerca de las recompensas y castigos que puede recibir un ser humano. Un criterio basado en la conducta que adopta cada quien durante su vida.*

Este refrán que enuncia: **"Cada quien tiene lo que se merece"** *significa: las personas generosas son compensadas por sus actos caritativos. En cambio, los individuos de malos sentimientos o de incorrecto proceder, o bien quienes sienten y practican ambas cosas a la vez, reciben sanciones en respuesta a sus malas acciones.*

Moraleja: *Cada quien puede proveer bien o mal. El mal genera mal; el bien produce bien. Entonces, no debe sorprendernos cuando el mal atrapa y castiga al malvado o cuando el bien envuelve y recompensa al benévolo.*

Reflexión: *Los premios recompensan las buenas acciones; mientras los castigos son procedimientos infalibles que sancionan las faltas.*

Comentario histórico: *Este es un refrán que nació producto de la creencia de los sabios israelitas, quienes decían:* **"Dios da a cada uno las recompensas que merecen sus obras"**. *De acuerdo a las creencias hebraicas de pasados tiempos, quienes obraban de forma justa serían recompensados por Dios con bienes y descendientes. Esas personas además vivirían largas vidas llenas de dichas.*

Entre tanto, en las Biblias de "Las Sociedades Bíblicas Unidas" dice: **"Cada uno recoge el fruto de lo que dice y el pago de lo que hace"**. *Esto significa: Las personas serán recompensadas de manera individual por sus buenas obras; y aquellas que actúan mal recibirán sus debidos correctivos. Según estas Biblias, cada quien puede decidir su vida. En ese sentido debemos saber lo que queremos; si recibir premios o castigos.*

Cita relacionada al dicho:

"Cada lágrima enseña a los mortales una verdad".

Platón

(428 a. C.-348 a. C.)

*Platón (428 a. C.- 348 a. C.), filósofo griego dijo: **"Cada lágrima enseña a los mortales una verdad".** Esta idea de Platón está vinculada a las adversidades de la vida, las cuales representan las desgracias. Estas nos golpean de forma dura y despiadada. Paradójicamente, como expresó Platón, esos malos momentos siempre son portadores de enseñanzas.*

*Platón inicio su frase de la siguiente manera: **"Cada lágrima"**. Desde que muy pocas veces las lágrimas son producto de alegrías, sino de tristezas o sufrimientos. Luego él explicó que esta: **"Enseña a los mortales una verdad"**. Vivir una realidad amarga nos duele, porque lastima nuestras almas; y habitualmente, esas son las tristezas que producen lágrimas.*

Todas las pesadumbres resultan de las calamidades; aunque paradójicamente, esos amargos momentos se convierten en lecciones, y estas ingresan al saco donde se encuentran depositadas todas nuestras experiencias. Sin embargo, los desagradables tiempos nos hacen más precavidos; dependiendo del grado de aprendizaje que hemos recibido.

*Al final del camino, esos infortunios nos colman de conocimientos que convergen con nuestras sapiencias. Ese es el punto central de esa frase de Platón. Partiendo de los sufrimientos, estos nos muestran las crudas realidades de la vida; pero a la vez nos enseñan la autenticidad de las cosas. **No obstante, cada una de nuestras lágrimas, además de expresar nuestros sentimientos nos dejan una enseñanza***

Mensaje bíblico: «*Lucas 16:10; Jesucristo dijo: **"El que es fiel en lo muy poco, también en lo más es fiel; y el que en lo muy poco es injusto, también en lo más es injusto"**».*

11) «CAMARÓN QUE SE DUERME, SE LO LLEVA LA CORRIENTE».

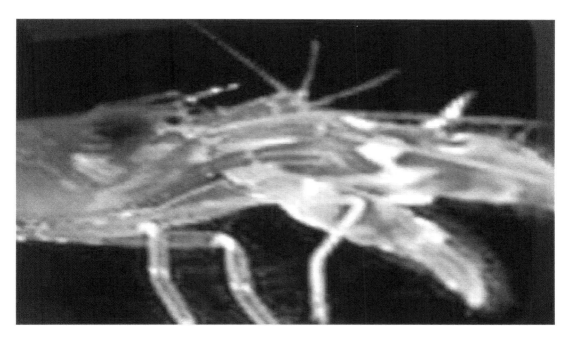

Alpheus cedrici, holotipo

Categoría: *Refrán/Máxima popular.*

Se refiere: *a las personas confiadas o ingenuas.*

Significado: "Camarón que se duerme, se lo lleva la corriente" *es un refrán elaborado en forma de observación para ayudar a las personas ingenuas o a quienes suelen ser confiados. Mediante esta expresión se les advierte del peligro que ellas corren, si no les proveen el debido cuidado a todos sus asuntos.* **"Camarón que se duerme"** *en sentido alegórico significa: una persona no debe pensar que todo en su* *vida está seguro, por tal razón, descuidarse. Contrario a eso, esta debe cuidar todas sus pertenencias para no perderlas.*

Mientras **"Se lo lleva la corriente"** *indica: por descuido o demasiada confianza, se puede perder todo lo que alguien ha logrado en su vida Eso podría suceder en cualquiera de estas áreas: personal, laboral o social. Pero además, según este dicho nadie debe confiar en quienes no se conocen bien. Realmente, debemos estar siempre alerta a cualquier detalle, condición o proposición de parte de desconocidos. Luego, guiándonos de lo que sugiere el vocabulario de esta locución, no obtendremos malas experiencias.*

Moraleja: *La confianza genera peligro; porque confiar es tener absoluta certeza en la honradez o lealtad de alguien. Pero debemos siempre considerar que los seres humanos somos imperfectos. Las personas se pueden corromper; y como sabemos, los objetos se pueden dañar o caer cuando no tomamos las medidas de precauciones necesarias.*

Reflexión: *Si estás alerta en todo momento, nunca serás sorprendido.*

Cita relacionada al dicho:

"Los sabios son quienes buscan la sabiduría, los necios piensan ya haberla encontrado".

Napoleón Bonaparte

(1769-1821)

Napoleón Bonaparte (1769-1821); militar y leader francés dijo: **"Los sabios son quienes buscan la sabiduría, los necios piensan ya haberla encontrado".** *Bonaparte en la primera parte de su reflexión se refirió a lo siguiente: todos debemos indagar y obtener información necesaria de los asuntos que nos conciernen.*

Aun cuando alguien está dotado de amplios conocimientos, este debe estar siempre informado. Luego, en la segunda parte de su nota Bonaparte argumentó: **"Los necios piensan ya haberla encontrado"**. *Absurdamente, los necios piensan y creen sabérselo todo. Como Bonaparte expresó: eso solamente es cosa de* **"necios"**.

Mensaje bíblico: «*Prov. 14:18:* **"Los ingenuos sólo adquieren la estupidez, los hábiles podrán estar orgullosos de su saber"**».

12) «CONTRA VIENTO Y MAREA».

Réplica de la Nao Santa María de Colón

Categoría: *Dicho/Aforismo marítimo.*

Se refiere: *a las adversidades de la vida.*

Significado: "Contra viento y marea" *se considera un aforismo marítimo. Ese concepto se debe a que esta frase tuvo su origen en alta mar. En realidad, su contenido gramatical concierne a un adagio popular. De forma general, esta frase establece un consejo y una enseñanza que simboliza la lucha por la supervivencia humana. Además, mediante la misma podemos intuir una exhortación generalizada que nos anima a no desfallecer, en cambio, batallar hasta vencer los obstáculos que nos impiden lograr nuestras metas.*

En otro contexto, esta expresión alienta a toda la gente a no perder su Fe en Dios, cuando se les presenten infortunios. Básicamente, su vocabulario nos estimula a ir lado a lado a las adversidades de la vida; venciendo sus golpes, en unos casos, y superando sus malos momentos, en otros. Eso significa, mantener la dignidad en alto para poder dominar o sobre llevar las dificultades que se nos pueden presentar en el diario vivir. Porque este dicho expone los peligros que se les presentan al hombre, regularmente, y con los cuales él debe lidiar.

Moraleja: *No podemos permitir que las calamidades destruyan nuestras vidas. Todo lo contrario, debemos luchar con todas nuestras fuerzas para no dejarnos vencer por ellas.*

Reflexión: *Es imposible luchar contra las corrientes del mar; tampoco contra las adversidades de esta vida. Más bien, debemos ser pacientes y esperar que la marea adquiera su curso natural. Hasta entonces, estar calmados hasta que los infortunios pierdan su rigor. Posterior a la tormenta viene la calma. Sin embargo, en otros escenarios, es preciso luchar por nuestros objetivos, "contra viento y marea".*

Comentario histórico: *Esta frase se originó en el mar. Los primeros barcos fueron los veleros. Los egipcios fueron los primeros en construirlos. Estos también fueron los primeros medios empleados en la navegación por mares y ríos. Sus velas se utilizaban como propulsión a la acción del viento. La frase **"Contra viento y marea"** surgió, cuando los navíos estaban en alta mar y se presentaba un mal tiempo. Sus tripulantes hacían todo lo posible para controlar y mantener las naves sin naufragar. Debido a esa lucha constante que enfrentaban los marinos en alta mar nació este dicho: "Contra viento y marea".*

Este dicho también es utilizado para aumentar la fuerza espiritual de las personas, cuando estas se encuentran enfrentando situaciones difíciles de manejar. Es una frase de estimulo, coraje y fuerza.

*Por otro lado, **"Contra viento y marea"** es el título de una obra del famoso escritor peruano, Mario Vargas Llosa; nacionalizado español en el 1993. Entre sus premios figuran: Premio Nobel de Literatura 2010; Príncipe de Asturias de las Letras, 1986. "Contra viento y marea" es una derivación de su obra **"Entre Sartre y Camus"** 1981. Se obtuvieron tres volúmenes de esta producción:*

• *Contra viento y marea. Volumen I (1962-1982) (1983).*

• *Contra viento y marea. Volumen II (1972-1983) (1986).*

• *Contra viento y marea. Volumen III (1964-1988) (1990).*

Posteriormente, la gente aplicó esta frase a pelear o guerrear contra los momentos adversos de la vida.

Mensaje bíblico: « *Isaías 41:10:* **"No temas, porque yo estoy contigo; no desmayes, porque yo soy tu Dios que te esfuerzo; siempre te ayudaré, siempre te sustentaré con la diestra de mi justicia".** »

13) «CREA FAMA Y ÉCHATE A DORMIR».

Categoría: *Refrán/Frase axiomática.*

Se refiere: *a la imagen que cada persona crea de sí misma.*

Significado: *El refrán de esta página es sobre las imágenes que crean las personas de sí mismas, las cuales una vez formadas son difíciles de despojar de las mentes de los demás. En sentido general,* **"crea fama y échate a dormir"** *significa: la imagen creada por cada persona durante su trayectoria de vida, sea esta buena o mala; posteriormente, le será difícil construir una nueva, otra diferente a la que ella ha establecido. Pero más arduo es aún, cambiar la opinión de la gente que la conoce.*

Por ejemplo, existen personas que han mostrado durante muchos años una mala conducta, cuando ellas deciden cambiar de forma radical y positiva, sus errores perduran en los recuerdos de quienes las conocen. Esos obstáculos les impiden construir una nueva imagen, mejor que la anterior. La duda o desconfianza siempre existirá entre sus familiares, amigos o conocidos. Y esta pregunta siempre estará rondando en el aire: ¿ese es un cambio verdadero o falso? Porque siempre se ha considerado esto: los únicos que pueden cambiar son los niños, nunca los adultos.

Moraleja: *La fama puede estar conformada por la popularidad que adquiere mucha gente. Este es el caso de los artistas y personas públicas. También, esta puede estar centrada en la mala reputación de los individuos. Escoge caminar por senderos del bien.*

Reflexión: *Es fácil crear buena fama, lo difícil es mantenerla. Inversamente, es difícil deshacer una mala fama, más fácil es conservarla.*

Cita relacionada al dicho:

"Dichoso quien nunca ha conocido el sabor de la fama; tenerla es un purgatorio; perderla es un infierno".

Edward Bulwer Lytton
(1803-1873)

*Edward Bulwer Lytton (1803-1873); novelista, poeta y dramaturgo inglés dijo: **"Dichoso quien nunca ha conocido el sabor de la fama; tenerla es un purgatorio; perderla es un infierno"**. En relación a la fama, este escritor mostró dos caras negativas de una misma moneda. Pero primero Bulwer Lytton enunció: **"Dichoso el que nunca ha conocido el sabor de la fama"**. En este segmento de su frase él se* *refirió a quienes viven una vida común, tranquila, sin nadie que los vigile o persiga, como suelen hacer los periodistas y fanáticos con artistas famosos. Fue basándose en ese aspecto que Lytton mencionó dos aspectos perjudiciales de la fama: purgatorio (tormento) e infierno (condena).*

*Lytton expresó: "**Tener fama es un purgatorio**". ¿Qué quiso decir él al mencionar la palabra "purgatorio"? Cuando todos suponemos a los famosos personas felices, rodeados de gente que los quiere, llenos de atenciones y lujos. En tanto, el ego y bienestar emocional de estas personas exceden los límites imaginables. Pues bien, el purgatorio es la penalidad que pagan los famosos por el auge de sus glorias. Ellos viven preocupados, cuidando sus prestigios; sobre todo, protegiéndose de todo el público que los observa. Cualquier paso en falso destruye su reputación, y por tanto su fama. Otra cosa, estas personalidades no son totalmente libres. Sus vidas son públicas. Ellos son perseguidos constantemente por la prensa, paparazis y muchos admiradores. Esas personas no pueden actuar libremente, como lo haría cualquier persona común; ellos viven cautivos de sus famas.*

*Prontamente Bulwer Lytton concluyó su nota así: "**Perder la fama es un infierno**". Él expuso en esta última frase algo real y penoso que le puede ocurrir a cualquier famoso. El infierno radica en el eterno sufrimiento que le causa a un famoso perder su fama. Cuando una persona ha ganado cierta popularidad y la pierde, ese hecho la destruye. Ese desprestigio es muy doloroso y humillante para quienes han estado sumergidos en distinciones y halagos. Esa condena el ex famoso la debe arrastrar hasta el final de su vida; eso, si ellos no recuperan su estatus anterior. Una situación donde su dignidad y orgullo se sienten muy heridos. Ahora podemos entender a Lytton cuando enunció: "**Dichoso el que nunca ha conocido el sabor de la fama**".*

Mensaje bíblico: *«Prov. 22:1: "**De más estima es la buena fama, que las muchas riquezas**"».*

14) «CRÍA CUERVOS Y TE SACARÁN LOS OJOS».

Cuervo de Carl Linnaeus, 1758

Categoría: *Refrán antiguo y popular.*

Se refiere: *a la mala crianza de los hijos; y como consecuencia, la ingratitud hacia sus padres.*

Significado: "Cría cuervos y te sacarán los ojos" *es un refrán, el cual en sentido figurado transmite un mensaje sobre la ingratitud de algunos hijos hacia sus padres. En ese aspecto, si un niño recibe una mala educación o malos ejemplos en su hogar "criar cuervos), él podría mostrar mala conducta; incluso hacia sus mismos padres. Luego, el significado de este refrán es: todos los padres deben enseñar a sus hijos los principios fundamentales de conducta. Estos incluyen el respeto y la armonía en sus relaciones sociales. Esa enseñanza es el mejor regalo que los niños pueden recibir de sus padres.*

Además de lo antes mencionado, el buen comportamiento favorece tanto a los padres, quienes reciben los mejores frutos de sus hijos, como a los mismos hijos; porque ellos van a disfrutar de una buena reputación, que les abrirá las puertas de sus futuros. La educación del hogar es básica. Esta es más valiosa que todo el oro del mundo. A nivel general, esa formación es la plataforma primordial del desarrollo integral de una sociedad y su civilización. Los niños de hoy son los hombres y mujeres del futuro. Ellos evolucionan y pueden, poco a poco, ir transformando su niñez en una adultez positiva o negativa; todo va a depender de sus buenas o malas crianzas; incluyendo la urbanidad de su entorno.

*Por otra parte, este refrán sugiere que la mala educación conduce a la gente hacia odiosas actuaciones. Un mal comportamiento, sin correctivo, suele degenerarse a medida que pasa el tiempo. De ahí proviene la ingratitud de hijos hacia sus padres, parientes, amigos o quienes les brinden amistad o ayuda. A eso se refiere el refrán cuando expresa: **"Y te sacarán los ojos"**. Porque la degeneración mental de los niños, no sólo involucra su pésima actitud en el hogar, hacia sus progenitores y hermanos; también, ellos la exteriorizan en las escuelas y en sus círculos sociales.*

Moraleja: *La mala actitud converge en actos vergonzosos, donde la moral y el respeto no cuentan en absoluto. La moral es el cimiento del respeto; y el respeto, a su vez, es la base de la dignidad y honradez del hombre. Cuando enseñamos a nuestros hijos los valores humanos, no sólo es un beneficio para ellos mismos, también para su familia y la sociedad.*

Reflexión: *Los hijos son bendiciones Divinas. Ellos vienen a nuestras vidas a traer alegría y armonía a nuestros hogares. Aunque de manera paradójica, ellos también podrían aportarnos tristezas. Todo va a depender del criterio que utilicemos los padres en su formación, la cual debe descansar en estos tres factores: valores humanos, educación y religión. En consecuencia, si ellos son buenos o malos ciudadanos; eso va a depender de nosotros. Su futuro está en nuestras manos.*

Comentario histórico: "Cría cuervos y te sacarán los ojos" *es una frase que nació del comportamiento de las aves denominadas "cuervos". Estas son aves carnívoras. Ellas se alimentan de cadáveres empezando por sus ojos. Estos pájaros anidan cerca de las carreteras. Ellas consumen vertebrados que han sido víctimas de atropellos vehiculares. En la Tundra de Alaska habitan muchos cuervos. Estos se sustentan* mediante la depredación de pequeños roedores y la caza de pequeños mamíferos, pájaros, invertebrados, anfibios y reptiles, entre otros.

Anécdotas de este refrán:

Cuentan que Don Álvaro de Luna (1390-1453); noble castellano de la Casa de Luna; durante una cacería, este señor se encontró con un mendigo quien en el lugar de sus ojos tenia cicatrices. Don Álvaro muy impresionado le preguntó a él que le había sucedido en sus ojos, y el hombre le contestó:

"Tres años estuve criando un cuervo que recogí pequeñito del monte; y lo traté con mucho cariño, poco a poco fue creciendo y haciéndose grande, grande…Un día que le daba de comer saltó a mis ojos, y por muy pronto que me quise defender fue inútil y quedé ciego".

Aunque Don Álvaro sintió lastima de aquel pobre hombre y lo auxilió; más tarde y de manera irónica, él le comentó a sus compañeros de caza: **"Ustedes vieron eso criad cuervos para que luego os saquen los ojos".**

Cita relacionada al dicho:

"Educad a los niños y no será necesario castigar a los hombres".

Pitágoras
(582 a.C.-496 a.C.)

Pitágoras (582 a C.-496 a C.); matemático, filósofo y místico griego dijo: ***"Educad a los niños y no será necesario castigar a los hombres".*** *Este filósofo dirigió este* mensaje a todos los padres. En este adagio, Pitágoras se enfocó en la educación que deben recibir los niños en sus hogares. En el primer segmento de su expresión él expuso lo siguiente: **"Educad a los niños"**. La educación que Pitágoras planteó en la expresión citada arriba es, la base de la conducta de todos los humanos.

Luego, para concluir, aclarar y completar su pensamiento él expresó: **"Y no será necesario castigar a los hombres"**. Indiscutiblemente, si todos los seres humanos tuviéramos una buena educación, entonces presentaríamos una correcta conducta. No existirían criminales ni cárceles. Porque las prisiones fueron creadas para encerrar, como castigo, a quienes presenten mal comportamiento. Sobre todo, porque en la mayoría de los casos son delincuentes que representan un peligro para la sociedad.

Esta frase de Pitágoras debe figurar en todos los hogares. En muchos de ellos no se necesita; pero en otros, esa frase sería de mucha utilidad.

Mensaje bíblico: «*Efesios 6:2-3:* **"Honra a tu padre y a tu madre, para que seas feliz y vivas una larga vida en la tierra"**».

15) «DA MÁS VUELTAS QUE UNA NORIA».

Categoría: *Refrán popular.*

Se refiere: *a las personas inquietas.*

Significado: **"Da más vueltas que una noria"** *es un refrán que señala a la gente inquieta. De hecho, muchas personas son muy intranquilas o activas, algo que en algunas de ellas se vislumbra desde su niñez. Regularmente, esa inquietud es parte de su carácter. En otros casos, este comportamiento es debido a un descontrol en su metabolismo, el cual puede convertirse, si no es tratado, en enfermedad. De ese modo quien presenta ese trastorno de salud necesita tratamiento médico.*

La inquietud también podría ser causada por tensión o fatiga nerviosa (stress). Por último, las malas actuaciones producen cierta ansiedad o nerviosismo en sus autores. De ahí el refrán: "Quien tiene hecha, tiene sospecha", para referirse al temor o desconfianza reflejados en su intranquilidad. En todos estos casos antes citados, un estado emocional alterado afecta la salud mental, no sólo de quienes presentan ese trastorno, también de los demás que los rodean.

Por ese motivo, cuando alguien reacciona de esa forma llamando la atención de otros, se le dice este refrán: **"Da más vueltas que una noria"** *destacando de manera sutil, la intranquilidad o desequilibrio emocional de dicha persona.*

Moraleja: *Conservar la calma es indispensable para la salud mental. De la falta de paz interior se obtienen resultados negativos.*

Reflexión: *Es la Paz, no la inquietud, la que nos acerca a Dios. Él se encuentra en el silencio y la calma de nuestro ser interior.*

Comentario: *Se denomina Noria a una máquina hidráulica que sigue el principio del rosario hidráulico. Este aparato se usa para extraer agua. La noria está compuesta de una gran rueda con aletas transversales. Parte de sus componentes se sumergen en el agua, y las aletas permiten su movimiento continuo.*

Noria en Algeciras, España

A nivel de perímetro la noria posee recipientes, estos se llenan de agua a medida que sus ruedas se mueven. Luego, esta agua es depositada y distribuida en un conducto ya establecido para satisfacer las necesidades del usuario. Del mismo modo, existen norias utilizadas para sacar agua de pozos. Generalmente, esas maquinarias emplean tracción animal.

Noria movida manualmente.

Noria

Parque Talud Sur, unidad de Educación hidrográfica, Araguez

Cita relacionada al dicho:

"Una cosa que hace sugestivo el pensamiento humano es la inquietud".

Anatole France

(1844-1924)

Anatole France (1844-1924); escritor francés. Premio nobel de Literatura, 1921 dijo: **"Una cosa que hace sugestivo el pensamiento humano es la inquietud".** *Opuesto al refrán citado en la página anterior; en su nota, France se estaba refiriendo a la inquietud de saber o aprender cosas nuevas. Mediante esta expresión este escritor mostró el lado positivo de la inquietud.*

Él expuso la inquietud, como algo atractivo en el ser humano. En otras palabras, el pensamiento sugestivo se manifiesta a través de la viveza mental. Esta imagina, crea o innova hasta alcanzar otras dimensiones del cerebro humano, superiores a las ya existentes y experimentadas por nosotros. Esa inquietud estimula el pensamiento y su rapidez. Por ese motivo, su aceleración produce y determina el surgimiento de nuevas ideas: innovadoras, funcionales e interesantes.

Todas esas formas de expresión se encuentran en el pensamiento sugestivo. Las ideas que debemos captar para darle sentido a nuestras vidas, ayudando así al continuo desarrollo y progreso de la civilización.

Mensaje bíblico: *«Prov. 3:21,23:* **"Hijo mío, no se aparten estas cosas de tus ojos, guarda la ley y el consejo; y serán vida a tu alma y gracia a tu cuello. Entonces andarás por tu camino confiadamente y tu pie no tropezará"».**

16) «DAR UN CUARTO AL PREGONERO».

Pregonero Inglés

Categoría: *Refrán histórico/Frase proverbial.*

Se refiere: *a divulgar un secreto.*

Significado: *Este dicho es de origen español; el mismo se refiere a popularizar algún dato o alguna información que requiere absoluta discreción. Ahora bien, esta frase nombra la palabra "cuarto"; este se refiere a la moneda usada en siglos pasados, la cual era equivalente a cuatro maravedíes. Por otra parte, desde tiempos remotos los pregoneros eran las personas encargadas de divulgar noticias importantes en las* plazas y parques de las diferentes ciudades de España. Diferentes países de Europa también lo utilizaron.

Pronto la gente comparó el servicio de estos voceadores con los chismosos, quienes han existido en todos los tiempos; y como todos sabemos, ellos son portadores de todo tipo de comentario. De esa forma nació esta expresión: "Dar un cuarto al pregonero", la cual significa: es lo mismo decir algo a un chismoso que pagarle un "cuarto" al pregonero, para que este publique por toda la ciudad los secretos o intimidades de la gente. Debido a que los habladores generalizan todas las noticias, privadas o públicas, sin importarles sus efectos negativos o el daño que las mismas pueden causar a sus víctimas.

En nuestros días, este dicho se expresa de manera irónica para reprobar la difusión de un informe, que debió mantenerse en secreto. Recordemos esas épocas pasadas, en ellas no existían los medios de comunicación que disfrutamos hoy día. Fue debido a esa carencia de información que los gobiernos y personas comunes se valían de los pregoneros para anunciar noticias y actividades sociales. Después eso cambió, en el 1605 empezó a circular el periódico, pero con páginas limitadas (una o dos páginas). A diferencia de ese entonces, actualmente vivimos en un siglo moderno donde existen diferentes organismos que nos mantienen comunicados.

Estos medios informativos imparten noticias locales y extranjeras, y por lo tanto, mantienen informados a todos sus pobladores. Contamos también, con la prensa oral, la cual se escucha a través de la radio; y la visual, que nos provee transmisiones televisivas. Además, el internet y todas las redes sociales. ¡Las personas de este siglo somos seres privilegiados! El simple hecho de tener la oportunidad de disfrutar de tantos adelantos científicos confirma, que realmente sí lo somos.

Moraleja: *Los secretos e intimidades no se le cuentan a nadie; sus mismos nombres lo dicen: secretos e intimidades. Los seres humanos, unos más que otros, estamos cargados de defectos. Nunca falta quien quiera hacer algún daño. Por tal razón, no debemos confiar nuestras intimidades a nadie.*

Reflexión: *Quien revela un secreto ajeno no sólo es un traidor, también carece de moral y respeto. Pero aquel que expone su propio secreto no tiene dignidad o es un estúpido.*

Comentario histórico: *En España existieron los pregoneros desde el siglo XIV hasta el XIX. En ese país habían tres clases de pregoneros: a) oficiales; b) heraldos; c) voceadores mercantiles. Sus funciones eran las siguientes:*

a) Los oficiales se encargaban de difundir todas las noticias importantes, tales como leyes y dictámenes reales, entre otros informes.

b) Los heraldos eran quienes marchaban delante de los Nobles, anunciando su paso.

c) Los voceadores mercantiles informaban todo tipo de noticias, como bautizos, bodas, fallecimientos y ventas de terreno; su tarifa era de un "cuarto" equivalente a cuatro Maravedíes (moneda de ese tiempo).

Mensaje bíblico: *«Prov. 21:8:* **"El camino del hombre perverso es torcido y extraño; más los hechos del limpio son rectos"».**

17) «DEBAJO DE UNA YAGUA VIEJA SALTA TREMENDO ALACRÁN».

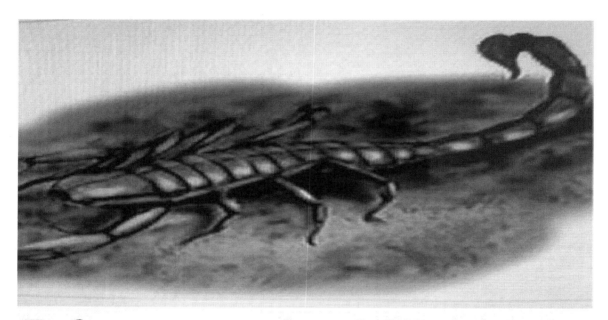

Pulmonoscorpius del Misisípico

Categoría: *Refrán popular.*

Se refiere: *a los enemigos y las personas intrigantes.*

Significado: "Debajo de una yagua vieja salta tremendo alacrán" *es un refrán popular referente a los enemigos. Esta es una expresión muy significativa. Desde que* **"debajo de una yagua vieja"** *significa: algo considerado de poca importancia, insignificante o sin ningún valor; así como lo que puede esconder alguna cosa dañina, perjudicial o despreciable. Luego, este dicho continúa diciendo:* **"Salta tremendo alacrán"**. *Esa última frase se refiere al peligro.*

En sentido figurado, esta expresión nos advierte sobre los enemigos o quienes no les agradamos. La insinuación de la frase radica en las medidas de precauciones que deben tomar quienes tienen adversarios. Por tanto, este refrán sugiere: nunca subestimar el poder o alcance de alguien; sobre todo, de un contrario. Porque aunque este individuo parezca inofensivo, él puede estar escondiendo su mala intención o grado de maldad (*Debajo de una yagua vieja*); y este podría resultar ser, alguien muy peligroso (*Salta tremendo alacrán*).

Moraleja: *Nunca se debe subestimar a alguien. Todos los seres humanos estamos hechos con las mismas condiciones humanas. Estas nos acreditan para pensar, analizar, responder y actuar, del mismo modo que los demás.*

Reflexión: *Los enemigos son personas peligrosas. Ellos desean el mal de quienes odian. No obstante, cuando los perdonas, les deseas el bien y los colmas de bendiciones, nunca su maldad te tocará, ni te dañará. Uno de los más grandes triunfos del hombre reside en conquistar a sus enemigos; pero eso sólo se logra mediante el bien.*

Mensaje bíblico: «*David inspirado por el Espíritu Santo señaló lo siguiente:* **"Dijo el señor a mi señor: siéntate a mi derecha, y haré de tus enemigos estrado de tus pies"**»

18) *«DESPACIO SE LLEGA LEJOS».*

Categoría: *Refrán/Adagio de sabiduría popular.*

Se refiere: *al sosiego y la paz.*

Significado: *Este es un adagio lleno de sabiduría, al mismo tiempo que aconseja, también intenta promover un juicio de importancia sobre la conducta, sabiduría y salud de todos los humanos. Se refiere al sosiego y la paz; y sus óptimos resultados. Por lo tanto:* **"Despacio se llega lejos"** *significa: cuando caminamos despacio pisamos firme, con seguridad; sobre todo, sin fatiga. Condiciones importantes para avanzar, culminar o concluir con éxito la trayectoria que hemos trazado.*

Efectivamente, la prisa al caminar, así como la velocidad al conducir no son buenas compañeras. Usualmente, de ellas sólo se obtienen efectos devastadores; algunas veces, irremediables. Asimismo, cuando no nos adelantamos tomando decisiones importantes obtenemos mejores resultados, que cuando nos apresuramos y no le concedemos un espacio a la reflexión. Es aconsejable meditar, sobre los pros y contras de un asunto determinado, antes de tomar una decisión específica.

Moraleja: *En todos los aspectos de la vida la calma es más positiva y beneficiosa que la prisa. Exceptuando los momentos de riesgos, donde la vida humana corre peligro y la prisa es nuestra mejor aliada.*

Reflexión: *Cuando se camina con seguridad no importa la lentitud al andar. Es preferible ir despacio y seguro, que rápido y equivocado.*

Cita relacionada al refrán:

"Cuando su país y el mío obren en conformidad con las enseñanzas que Cristo comunicó en el "Sermón del Monte" habremos resuelto, no sólo el problema de nuestros países, sino los del mundo entero".

Mahatma Gandhi
(1869-1948)

Mahatma Gandhi (1869-1948); abogado, pensador y político indio dijo al 1er Conde de Halifax conocido como Lord Irwin, Virrey de India (1926-1931): **"Cuando su país y el mío obren en conformidad con las enseñanzas que Cristo comunicó en el "Sermón del Monte" habremos resuelto, no sólo el problema de nuestros países, sino los del mundo entero".** *Gandhi en esta comunicación estaba recordando las* *palabras de Jesucristo en el "Sermón del Monte". El "**monte**" es una elevación al norte del Mar de Galilea, cerca de Cafarnaúm. Este fue un Sermón de Paz, Amor, humildad y justicia. A continuación algunas de sus palabras.*

Comentario histórico: *Mateo 5: 3-11. Nuevo Testamento. Jesús en el **"Sermón del Monte"** dijo las siguientes palabras:*

*"**Bienaventurados los pobres en el espíritu, porque de ellos es el reino de los cielos**". Versículo 3.*

*"**Bienaventurados los que lloran, porque Dios los consolará**". Versículo 4.*

*"**Bienaventurados los mansos, porque ellos poseerán la tierra**". Versículo 5.*

*"**Bienaventurados los que tienen hambre y sed de justicia, porque ellos serán saciados**". Versículo 6.*

*"**Bienaventurados los misericordiosos, porque ellos obtendrán misericordia**". Versículo 7.*

*"**Bienaventurados los puros de corazón, porque ellos verán a Dios**". Versículo 8.*

*"**Bienaventurados los pacificadores, porque ellos serán llamados hijos de Dios**". Versículo 9.*

*"**Bienaventurados los que sufren persecución por causa de la justicia, porque de ellos es el reino de los cielos**". Versículo 10.*

Mensaje bíblico: *«Prov. 10:9: "**El que camina con integridad va seguro, pero el que toma caminos equivocados, pronto será desenmascarado**"».*

19) «DESPUÉS DE LA TORMENTA VIENE LA CALMA».

Tempestad de: Kunsthalle de Hamburgo, 1782

Categoría: *Refrán/Frase axiomática; Aforismo de sabiduría popular.*

Se refiere: *a los factores que producen intranquilidad.*

Significado: *Este es un refrán antiguo concerniente a la intranquilidad, la cual como todo en esta vida, también tiene su tiempo de duración. De esa forma, cuando un mal* *momento termina regresan todas las cosas a su normalidad. Así lo enuncia este dicho que en su primera parte dice:* **"Después de la tormenta"**; *indicando el final de una perturbación fuerte ocasionada por fenómenos atmosféricos. Sin embargo, en sentido figurado esta podría simbolizar la agresión de una o varias personas hacia otra u otras. Acciones exteriorizadas a través de gestos, palabras ofensivas o hechos violentos. lamentables. No obstante, esta locución no habla del momento de la perturbación, sino del tiempo posterior a la misma.*

Debido a lo arriba expresado, esta locución termina diciendo: **"Viene la calma"**, *significando: una vez pasada la turbulencia del ámbito atmosférico, la provocación o ataque de algún humano contra otro u otros; entonces, regresa a la gente su sosiego anímico y al ambiente su quietud. Pasada esa inestabilidad ambiental se inicia el restablecimiento general, situando en primer plano la vida cotidiana. De acuerdo a lo anterior expresado, se puede perder la paz por causas ambientales que comprometen al hombre o por enfrentamientos entre personas. Este refrán puede considerarse también un aforismo popular, porque su contenido gramatical intenta establecer una ley de las condiciones meteorológicas y del comportamiento humano.*

Después de un mal tiempo o momento llega la recuperación territorial y/o el sosiego espiritual.

Moraleja: *Definitivamente nada dura para siempre, ni el hombre, las cosas o diferentes situaciones de la vida; mucho menos, las inclemencias del tiempo. En la Biblia está escrito: "Todo tiene su tiempo de duración". Todos debemos aprender a mantener la calma; aún en el peor de los casos. La desesperación es causante de muchos errores humanos.*

Reflexión: *Paradójicamente son los momentos de dolor, angustia o desesperación, los que unen a las personas, y no los instantes de bienestar o alegría.*

Sócrates (469 a. C.-399 a. C.)

Comentario histórico: *"Después de la tormenta, viene la calma"* *es un refrán que podría tomarse como adaptación de una de las frases de Sócrates (469 a. C.-399 a. C.); quien fue un filósofo griego. Él dijo:* **"Después de la tormenta viene la lluvia"**. *Estas palabras las pronunció Sócrates frente a sus discípulos, luego de él tener una fuerte discusión con su mujer, y ella le tirara un cubo de agua.*

La diferencia entre las dos frases radica en su segunda parte, la cual cambia el sentido gramatical e interpretativo de cada expresión. Mientras el segundo segmento del refrán menciona la calma, la frase de Sócrates alude a la lluvia. Él relacionó la tormenta, un fenómeno atmosférico violento, con la lluvia, una simple precipitación de partículas líquidas de agua, las cuales al caer no ocasionan daños ni perjuicios.

*Ese comentario de Sócrates es una revelación que determina la procedencia y tiempo de existencia del refrán de esta página: **"Después de la tormenta, viene la calma".** Pues bien, aquí tenemos dos variantes: este refrán quizás surgió producto de las palabras de Sócrates o este ya existía 400 años antes de Cristo; y este filósofo solamente cambió la última palabra. En lugar de calma Sócrates dijo lluvia, porque esa palabra era más adecuada al momento que él estaba viviendo, una disputa con su esposa.*

Paisaje de David Smith (1949)

Mensaje bíblico: *«Mateo 5-17-19; Jesús dijo: **"No he venido a abolir, sino a dar plenitud. Os aseguro que antes pasarán el cielo y la tierra que deje de cumplirse hasta la última letra o tilde de la ley"».***

20) «¿DIME DE QUÉ ALARDEAS? Y TE DIRÉ DE QUÉ ADOLECES».

Categoría: *Refrán/Proverbio de sabiduría popular.*

Se refiere: *a la presunción.*

Significado: *Este es un proverbio que directamente señala a personas presumidas. Básicamente, su vocabulario advierte una evidente carencia de aquello que se alardea. Este refrán está elaborado para quienes hacen alarde de poseer cosas que ansían tener.* **"¿Dime de qué alardeas?"** *es una pregunta significativa. La misma deja en evidencia a quienes hacen ostentaciones, sólo para llamar la atención de otros o impresionarlos. Por ejemplo, individuos con aires de grandezas o quienes hacen manifestaciones de riquezas.*

Esos modelos de alarde mencionados arriba están aclarados en la segunda parte de esta frase: **"Y te diré de qué adoleces"** *indicando: las demostraciones de vanidad o pedantería de esas personas, únicamente reflejan la carencia de aquello que ellas divulgan. Su comportamiento se debe a uno de estos dos motivos: Primero, porque a ellas les hace falta lo que alardean o porque ellas desearían ser o tener lo que propagan. Finalmente nos damos cuenta que esos humanos presumen de algo, muy lejos de sus alcances. De ahí el refrán que reza: "Las apariencias engañan".*

Desde un punto de vista normal o común, quienes tienen aptitudes o posesiones; en otras palabras, las personas con recursos naturales o materiales; generalmente, nunca presumen de los mismos. Este refrán establece esa diferencia de forma clara, sencilla, sabia y agradable. Su vocabulario expresa la verdad, sin provocar disgustos entre el locutor y el interlocutor.

Moraleja: *Cuando somos auténticos con nosotros mismos, nuestra autenticidad se manifiesta en el trato con los demás. Legitimar nuestra esencia humana es certificar el origen de la creación y el conocimiento del hombre. Debemos sentirnos orgullosos de nosotros mismos, y también de nuestras raíces.*

Reflexión: *La intención de cada hombre debe ser, sentirse orgulloso de sus valores y no de sus éxitos.*

Cita relacionada al refrán:

"Donde hay soberbia, allí habrá ignorancia; más donde hay humildad, ahí habrá sabiduría".

Salomón

(988 a. C. - 928 a. C.)

*Salomón (988 a. C.-928 a. C.); hijo del rey David; autor de los libros bíblicos: "Eclesiastés, Proverbios y Cantar de los Cantares" dijo: **"Donde hay soberbia, allí habrá ignorancia; más donde hay humildad, ahí habrá sabiduría"**. Este proverbio de Salomón condena la soberbia; un sentimiento malsano en el cual impera la* *vanidad del ego personal y su orgullo. Mientras la humildad que este sabio mencionó en esta frase, se puede considerar el antónimo de la soberbia. Por lo tanto, la humildad representa el respeto, obediencia, disciplina,...etc. En ella no existe vanidad ni orgullo. Esa cualidad eleva el valor espiritual de los seres humanos.*

Mensaje bíblico: *« San Juan 7:18: Jesucristo dijo: "**El que habla por su propia cuenta, su propia gloria busca**". »*

21) «*DONDE MANDA CAPITÁN, NO MANDA MARINERO*».

Tripulación de un barco

Categoría: *Refrán/Frase axiomática.*

Se refiere: *al orden de jerarquía.*

Significado: *Este refrán es muy popular en América Latina. Literalmente se refiere, al orden jerárquico del ámbito militar. En sentido figurado el mismo incluye las diferentes denominaciones gubernamentales o empresariales. También aplica a los hogares; al respeto que debe existir de hijos hacia sus padres. Luego, el contexto lingüístico de esta locución,* **"donde manda capitán, no manda marinero"** *se compone de dos expresiones correlativas, las cuales dentro de su léxico reproducen el mismo esquema gramatical. Muchos de los refranes se han elaborado de esa forma para poder transmitir su objetivo.*

La primera parte de este refrán es la dominante. Esta establece la comparación; y la segunda sección del mismo concluye su relación. Ambas dicciones completan la reciprocidad de transmisión del mensaje. En síntesis, **"Donde manda capitán, no manda marinero"** *significa: en todo existe un ordenamiento gradual, representado por la categoría y desempeño de cada trabajador, en cualquier administración laboral. En cuanto al hogar, sus normas simbolizan el origen y base de apoyo de la familia, donde descansa el respeto mutuo de todos sus integrantes. En este punto, los hijos juegan un papel importante para la unión conyugal; y también, para la armonía familiar.*

Por lo tanto, en el hogar, el respeto de ellos hacia sus padres es la mayor prioridad; y ellos deben mostrarlo durante su convivencia diaria.

Moraleja: *El orden es el cimiento del respeto; donde no hay orden reina el caos.*

Reflexión: *Toda la creación se rige por orden y armonía. Desde el espacio cósmico donde se encuentran todas las figuras espaciales, hasta la configuración física de este planeta, el cual está compuesto por tierra, aire, mares, montañas, vegetación y todos sus componentes. Exceptuando el aire, el cual no se muestra físicamente, cada uno de los antes mencionados ocupa un espacio y está regido por un ordenamiento definido.*

Este planeta, además de los componentes naturales que lo integran, se encuentra habitado por los humanos, quienes estamos acompañados de animales y plantas. Cada género es diferente entre sí; pero dentro de su categoría, todos contienen la misma esencia. En este cosmos se encuentra también, toda la genialidad del hombre plasmada en casas, edificios, puentes, piezas de artes y muchísimas contribuciones científicas.

Absolutamente, cada una de las cosas anteriormente nombradas está integrada al universo o pertenece a él; pero estas mantienen un orden y equilibrio inviolables. En conjunto, el universo y sus componentes representan la gran obra maestra de Dios.

Cita relacionada al refrán:

"La violación de la jerarquía se ve en una familia; especialmente, cuando un niño quiere hacerse cargo de algo propio de sus padres, para así salvarlos".

Bert Hallinger
(1925)

Bert Hallinger (1925); teólogo y pedagogo alemán. Fue el fundador del método fenomenológico sistémico trans- generacional de "Constelaciones Familiares"; él *dijo: **"La violación de la jerarquía se ve en una familia; especialmente, cuando un niño quiere hacerse cargo de algo propio de sus padres, para así salvarlos"**. En su libro titulado "Teoría General de los Sistemas", Hallinger instituyó este concepto sobre la violación jerárquica a nivel familiar. En esta cita Hallinger presentó el ejemplo de un niño que desea tomar la responsabilidad de un asunto específico que corresponde a sus padres. Se deduce que este pequeño está guiado por su sano deseo de ayudarlos, como expuso Hallinger. Su interés y sentido de compromiso a tan corta edad, Hallinger lo denominó: "Violación jerárquica".*

Este ejemplo de Hallinger es el mejor de todos los de su clase; sobre todo, cuando se trata de transmitir el concepto de violación a nivel familiar; y cuando esa violación es en términos positivos. Destacando, el amor, sentido de responsabilidad y compromiso que debe sentir un niño, que sin tener la suficiente madurez es grande en sentimientos y acciones. Pero volviendo a la violación de jerarquía de esta cita, esa transgresión es válida desde el punto de vista infantil; tomando en consideración la ingenuidad de los niños. Además, las duras realidades que viven muchas familias cuando su entorno está plagado de enfermedad o miseria.

La falta de recursos de algunos padres y su impotencia al no poder resolver el problema existente en su hogar, produce en sus hijos el sentimiento de esfuerzo y servicio. Esos escenarios calan en lo más profundo de un ser humano, y en un niño, este podría generar fuertes factores traumáticos. Sin embargo, esta cita debe tomarse sólo como ejemplo de violación jerárquica; el orden que debe seguir cada miembro de una institución o familia es distinto. El mismo va a depender de su forma de pensar y enfrentar los problemas o requerimientos que se les presenten.

Partiendo del orden gubernamental o empresarial, el cual está relacionado a hombres y mujeres, no a niños o niñas. En ese aspecto, el concepto de compromiso se maneja diferente. De igual modo, la concepción familiar sobre la conducta de respeto que deben mantener todos sus miembros es una labor de cada familia. Ese es su compromiso. Algunos hogares están compuestos por personas de diferentes niveles sociales, distintas concepciones ideológicas, por tanto, disímiles modos de pensar y actuar. En general, de acuerdo a los pensamientos y actuaciones de los padres, del mismo modo se conducirán sus hijos.

*De hecho, es así. Las demostraciones de amor, comprensión y obediencia que se les enseñan a los niños, los conducen hacia excelentes acciones futuras. **Porque*** *son las buenas enseñanzas las que ayudan a la formación moral y salud mental de un individuo, no el prestigio y/o dinero.*

Mensaje bíblico: *«Salmo 100:2:* **"Servid a Jehová con alegría; venid ante su presencia con regocijo"».**

22) «*EL CASTIGO SIEMPRE VIENE A CABALLO*».

Carlos XI a caballo; Suecia, 1676

Categoría: *Refrán antiguo.*

Se refiere: *al castigo.*

Significado: *"El castigo siempre viene a caballo" es un refrán de origen Sur Americano; este se refiere al castigo que alguien recibe en respuesta a sus malas acciones. Esta expresión se originó en siglos pasados y se aplicaba a quienes incurrían en errores, y poco tiempo después, les sucedía algo desagradable a ellos o a alguno de sus familiares.*

Este refrán significa: quien comete una falta o delito recibe un merecido castigo de forma rápida. Actualmente, este dicho conserva el mismo significado de siglos anteriores; pero solamente se escucha en personas de edades avanzadas.

Moraleja: *El castigo es símbolo de justicia; quien se involucra en delincuencias pone en peligro su vida, en riesgo a su familia y libertad.*

Reflexión: *Quien obra mal, no puede quejarse de su amargo destino; tampoco debe culpar a Dios u otras personas de sus errores. Porque sus problemas surgen producto de su propia maldad e incorrecto proceder.*

Comentario histórico: *Esta expresión pertenece al siglo XIX. En ese tiempo los caballos eran las vías más rápidas de transportación. Algunos de ellos funcionaban auxiliados por carretas; pero estos animales eran más veloces cuando se movían solamente acompañados de sus jinetes. Luego surgió este refrán: "El castigo siempre viene a caballo"; utilizado en épocas anteriores y aplicado a quienes cometían delitos.*

En ese entonces esa expresión insinuaba, si su falta no es encausada por la ley civil, a esa persona le podía suceder alguna tragedia como castigo. Pues bien, la relación del caballo con el castigo se debió a lo siguiente: durante muchos años, el caballo no sólo era un medio de transporte veloz, también el más confiable y efectivo. Por tales razones, cuando se aplicaba al culpable una sanción de inmediato; prontamente, la gente relacionaba su efectividad con la velocidad de este animal; de ahí nació: "Llegó a Caballo".

Citas relacionadas al refrán:

"El primer castigo del culpable es que su conciencia lo juzga y no lo absuelve nunca".

Décimo Junio Juvenal (60 d. C.-128 d. C.)

*a) Décimo Junio Juvenal (60 d. C.-128 d. C.); poeta satírico romano dijo: **"El primer castigo del culpable es que su conciencia lo juzga y no lo absuelve nunca"**. Juvenal en esta nota se refirió al cargo de conciencia de la gente que comete un acto delictivo. La condena al castigo se paga con cárcel o dinero. Sin embargo, el peor castigo del culpable es el tormento de su conciencia. Esta siempre le recordará sus errores. La conciencia ni se compra ni se vende; sobre todo, no se calla jamás.*

"Las naturalezas inferiores repugnan el merecido castigo; las medianas se resignan a él; y las superiores lo invocan".

Arturo Graf
(1848-1913)

b) Arturo Graf (1848-1913); escritor y poeta italiano dijo: **"Las naturalezas inferiores repugnan el merecido castigo; las medianas se resignan a él; y las superiores lo invocan".** *Este escritor definió de manera radical su criterio sobre el castigo. En el primer segmento de su nota Graf juzgó esa sanción de esta forma:* **"Las** *naturalezas inferiores repugnan el merecido castigo"*. *Su expresión se refiere a las personas que pertenecen a "mundos bajos", donde se ubican a los delincuentes. Aunque esos individuos proceden equivocadamente, ellos no quieren ser castigados.*

Luego, Graf consideró: ***"Las medianas se resignan a él"***. *En esta fracción de su nota él estaba representando la gente de clase media. Estas personas acatan la ley, porque no son delincuentes, y tampoco poseen riquezas ni poder. Estas personas viven trabajando y desenvolviéndose de acuerdo a sus posibilidades, y siempre dentro del marco de la ley. Para terminar su pensamiento Graf concluyó su idea así:* ***"Las superiores lo invocan"***. *Esa frase significa: las personas que tienen la autoridad para mantener el orden público están deseosas de hacer valer la justicia. Ese es su deber.*

Además, esa es una de las maneras que utiliza el cuerpo judicial de cada nación para mantener la población libre de corrupción. Otras personas que pertenecen a las ***"naturalezas superiores"*** *son: los seres humanos generosos. Ellos no comparten la idea de hacer el mal, sino el bien.*

Mensaje bíblico: *«Salmo 103:6:* ***"Jehová es el que hace justicia y derecho a todos los que padecen de violencia"****».*

23) « *EL HOMBRE PROPONE Y DIOS DISPONE* ».

Categoría: *Refrán antiguo/Proverbio.*

Se refiere: *a los planes o proyectos.*

Significado: "El hombre propone y Dios dispone" *es un refrán antiguo relacionado a los proyectos y a las situaciones imprevistas que imposibilitan su realización. De manera absurda, esta expresión proverbial presenta a Dios como un ser que dirige el destino de los humanos caprichosamente o arbitrariamente. Esta locución asume lo siguiente: el Ser superior, Dios, sí determina que un evento pueda o no efectuarse. No obstante, dentro de los conceptos y parámetros religiosos, la construcción gramatical de esta locución no es aceptable. Para todos los efectos, este refrán es absolutamente falso.*

Partiendo de la creación, Dios concedió a todos los seres humanos el libre albedrío de pensar y actuar. Siempre ha sido así, desde los orígenes de la humanidad. Pero en numerosas oportunidades, las personas no consideran los cambios climatológicos o inconvenientes de última hora, y cuando sucede algo no deseado le echan la culpa a Dios. Las eventualidades comprometen diversas áreas del planeta tierra, y por tanto al hombre. De la misma forma, la maldad de muchos individuos, que están siempre dispuestos a causar daños o perjuicios a otros. Pero es más fácil echarle la culpa a Dios, ¿cierto?, que enfrentar las duras realidades.

*No obstante, si tomamos esta locución en sentido figurado; y solamente para advertir a la gente sobre posibles incidentes, la misma significa: Muchos proyectos se pueden ver frustrados cuando suceden cambios en el clima que no se habían considerado en el inicio de los mismos. También pueden acontecer problemas o inconvenientes súbitos, aún cuando las condiciones del tiempo sean favorables y se hayan tomado todas las medidas de precauciones necesarias. Luego, para concluir, **"El hombre propone y Dios dispone"** es una frase elaborada con la finalidad de mostrar al ser humano su vulnerabilidad, por un lado; y su carencia de dominio, por otro.*

Nadie puede determinar con seguridad la realización de un evento; porque este es un mundo lleno de gente, donde cada quien está llevando su propia carga y manejando sus propios intereses. Si a eso le sumamos los diversos problemas, trastornos mentales e ideologías absurdas de numerosos individuos; entonces podemos afirmar: en esta vida no se pueden pronosticar nuestros deseos y asumirlos como un hecho. Siempre debemos dejar un margen a las eventualidades.

Moraleja: *Si no es para fines místicos o religiosos, el nombre de Dios no debe mencionarse; tampoco debe tomarse para mostrar pensamientos o dichos populares.*

Reflexión: *El libre albedrío es creador de extraordinarias ideas, auspiciador de bellos sentimientos, impulsor de actos conmemorables; pero él es también, responsable de un sinnúmero de pecados.*

Cita relacionada al refrán:

"Cuando hables de Dios o de sus atributos hazlo con toda seriedad y reverencia".

George Washington
(1732-1799)

George Washington (1732-1799); político, agricultor, cartógrafo. Primer Presidente de los Estados Unidos de América dijo: "Cuando hables de Dios o de sus atributos hazlo con toda seriedad y reverencia". Mediante esta frase, Washington exteriorizó su Fe y devoción hacia el Ser Creador, Jehová, nuestro Dios. El mensaje de este ilustre político se basó en el respeto.

Si observamos, Washington no expuso en esta cita que la gente debe creer o adorar a Dios. Él solamente requirió no faltarle al respeto a Él o a sus leyes Divinas. Respetar al Ser Supremo es respetar a todos sus creyentes. Esta frase de Washington constituye una lección para quienes infringen los principios fundamentales de conducta que incluyen la moral y el respeto.

Este adagio de Washington aplica a la gente que no creen en la existencia de Dios; también a quienes acostumbran bromear con las cosas Sagradas. Definitivamente, todos debemos tratar los temas religiosos con el respeto que merecen; incluso los llamados escépticos por respeto a sí mismos, deben respetar las creencias de los demás.

Mensaje bíblico: *«Prov. 19:21: **"El hombre forja muchos proyectos, pero se realizará lo que Jehová decidió"».***

24) «EL OJO DEL AMO ENGORDA EL CABALLO».

Obra de: Carl Linnaeus; 1758

Categoría: *Refrán antiguo y famoso.*

Se refiere: *a la dedicación y supervisión de los negocios.*

Significado: "El ojo del amo engorda el caballo" *es un refrán antiguo y famoso. Se refiere a la dedicación y supervisión que deben mantener los dueños en sus empresas. Significa: el control y supervisión del dueño o administrador de un negocio es esencial para el funcionamiento de su empleomanía y progreso de su empresa.*

En este sentido, cuando está presente el jefe el rendimiento del personal es más efectivo. Su presencia es determinante, porque cada uno de los empleados se esmera realizando su labor. Su constante vigilancia mejora la producción laboral y se obtienen resultados positivos y significativos que favorece la compañía.

Moraleja: *Muchos estudios han demostrado la importancia de la supervisión a nivel empresarial. No importa el grado institucional de un negocio, la administración es importante para su crecimiento.*

Reflexión: *El ojo es el farol de tu cuerpo; él puede iluminar tu vida y encaminar tus pasos por senderos de luz; pero también, él puede conducirte hacia caminos oscuros. Permite que su eficacia, moral y positividad influyan en tus pensamientos y acciones hasta el fin de tus días para que tu visión sea la luminosidad que apague las tinieblas.*

Cita relacionada al refrán:

"La dedicación perpetua que un hombre le da a su negocio debe ser sostenida por una negligencia perpetua hacia muchas otras cosas".

Robert Luis Stevenson
(1850-1894)

Robert Louis Stevenson (1850-1894); novelista, ensayista y poeta escocés dijo: **"La dedicación perpetua que un hombre le da a su negocio debe ser sostenida por una negligencia perpetua hacia muchas otras cosas".** *Stevenson en esta nota puntualizó la dedicación que deben tener los empresarios hacia sus negocios. Además, tomando en consideración el sacrificio que eso representa en su vida personal. Stevenson* *inició su reflexión así: **"La dedicación perpetua que un hombre le da a su negocio"**. En esa parte de su nota Stevenson significó lo siguiente: un negociante debe dedicarle el máximo de tiempo a su negocio, para poder obtener los mejores resultados de sus transacciones comerciales.*

*En seguida este novelista agregó a su idea, que esa consagración **"debe ser sostenida por una negligencia perpetua hacia muchas otras cosas"**. Esto último quiere decir, 'perder para ganar'. Para un empresario obtener los frutos deseados de su negocio, él debe renunciar o eliminar de su agenda otros asuntos. Mientras Stevenson en la primera parte de su pensamiento le otorgó la mayor importancia a la dedicación de los negocios; en la segunda pieza del mismo, él les sugirió a los empresarios restarles valor a otros contextos de sus vidas. Por ejemplo, reducción de reuniones sociales; sobre todo, abstención de algunos placeres. Posteriormente, su sacrificio personal les será compensado por un enorme beneficio empresarial.*

Mensaje bíblico: *«Lucas 11:34; Jesús dijo: **"La lámpara del cuerpo es tu ojo"**».*

25) «*EL PASAJERO SE CONOCE POR LA MALETA*».

Pasajero / Foto de N.C.

Categoría: *Refrán proverbial.*

Se refiere: *a las apariencias.*

Significado: *Este dicho es una observación sobre las apariencias materiales y el efecto que estas causan en las demás personas. Luego,* **"El pasajero se conoce por la maleta"** *significa: de acuerdo a las condiciones económicas que alguien muestre; así será juzgado o considerado por las demás.*

Por ejemplo: una persona con un equipaje ostentoso; ropa elegante; carro lujoso, da la impresión de ser alguien importante. En cambio, una persona con una maleta barata, ropa modesta o conduciendo un carro viejo, se presume es de clase social humilde. En cualquiera de los casos antes citados, las apariencias de la gente mostrarán su nivel económico o social.

Moraleja: *En algunas ocasiones, las apariencias suelen engañar a muchas personas; porque existe gente que oculta su verdadera realidad. Por tal motivo, las fachadas de las personas no deben ser factores definitivos al momento de ser consideradas o juzgadas.*

Reflexión: *Aunque muchas veces las apariencias engañan; en ciertas ocasiones, ¡estas suelen ser un pasaje de ingreso a la sociedad! Porque la mayoría de las personas se basan en ese aspecto para juzgar a los demás.*

Cita relacionada al refrán:

"Todo cabe en lo breve. Pequeño es el niño y encierra al hombre; estrecho es el cerebro y cobija el pensamiento; no es el ojo más que un punto y abarca leguas?".

Alexandre Dumas (padre)

(1802 - 1870)

Alexandre Dumas /Padre (1802-1870); escritor, novelista y dramaturgo francés dijo: **"Todo cabe en lo breve. Pequeño es el niño y encierra al hombre; estrecho es el cerebro y cobija el pensamiento; no es el ojo más que un punto y abarca leguas?".** *Esta cita de Dumas se refiere a la relación entre el tamaño de las cosas y el valor de su contenido.*

*En la primera parte de su pensamiento Dumas expresó: **"Todo cabe en lo breve"** significando: cualquier cosa puede estar contenida en algo transitorio. Luego, él continuó diciendo: **"Pequeño es el niño y encierra al hombre"**. En este caso, el niño representa la continuidad humana y la proyección futura del hombre. Desde otro punto de vista, un niño requiere de sus padres, quienes deben dedicarle su atención y cuidado.*

*En seguida Dumas agregó: **"Estrecho es el cerebro y cobija el pensamiento"**. En este segmento de su expresión Dumas se refirió a lo siguiente: A pesar del cerebro ser angosto, este es el generador de las funciones más importantes del organismo humano; tales como el razonamiento y autocontrol. Este también es el precursor de grandes pensamientos y controlador y regulador de todas las acciones y reacciones del cuerpo.*

*Para terminar, Dumas concluyó su exposición dejándonos una pregunta reflexiva; esta dice: **"No es el ojo más que un punto y abarca leguas?"**. Indudablemente, este escritor tuvo una clara visión de la naturaleza humana. En su análisis él descubrió, que el cuerpo de los seres humanos contiene órganos pequeños, pero capaces de ejercer grandes funciones. Dumas nos mostró en esta última frase un ejemplo claro de su exposición.*

*Él expuso al ojo humano como un miembro pequeño del cuerpo; pero de gran capacidad. Aún siendo este sólo **"un punto"**, es capaz de abarcar amplias distancias. La concepción de Dumas en este adagio es significativa. Debido a que la misma la podemos considerar una premisa aplicable a otros aspectos de la vida. Por ejemplo, una gota de mar contiene todos los componentes del océano.*

Mensaje bíblico: *«Juan 7:24; Jesucristo dijo: **"No juzguéis según las apariencias, sino juzgad con justo juicio"**».*

26) «*EL QUE LLEGA PRIMERO BEBE AGUA LIMPIA*».

La Tempestad, 1508; Galería de la Academia, Venecia, Italia

Categoría: *Refrán famoso de sabiduría popular.*

Se refiere: *a obtener el primer lugar en una actividad.*

Significado: "El que llega primero bebe agua limpia" *es un refrán muy famoso en Latinoamérica. Se refiere a obtener el primer lugar en una competencia. En ese caso, el objetivo de un deportista es la satisfacción personal que produce el triunfo y galardón al mejor de su clase. Realmente, muchos son los que desean salir exitosos* *en cualquier proyecto de capacidad o habilidad, donde se otorga un premio al mejor, quien lo logra es afortunado.*

*Literalmente, la observación de este refrán suele ocurrir en las competencias deportivas. La razón primordial de ganar o **"llegar primero"** reside en el mérito. Un logro personal muy importante para el ganador. Esa persona alcanza su sueño, cosa que muchos no pueden lograr. Aunque esta expresión está elaborada para estimular a las personas que desean triunfar en sus objetivos; a nivel popular, la misma se aplica a aquellos que llegan primero, únicamente, para adquirir lo mejor de la ocasión.*

Moraleja: *Todos los esfuerzos que realizamos para lograr nuestras aspiraciones son validos y meritorios. Guiados por la fe en Dios y la confianza en nosotros mismos debemos tener objetivos que determinen nuestras vidas de forma definitiva y positiva.*

Reflexión: *La aceptación de uno mismo es la máxima satisfacción del ser.*

Cita relacionada al refrán:

"La conquista propia es la más grande de las victorias".

Platón

(428 a. C.-348 a. C.)

*Platón (428 a. C.-348 a. C.); filósofo griego dijo: **"La conquista propia es la más grande de las victorias"**. Platón se refirió en esta expresión al éxito que puede lograr cada persona cuando se acepta a sí misma. Esta nota positiva Platón la concretó al mencionar: **"La conquista propia"**. Este gran filósofo añadió a su primera frase lo siguiente: esa conquista **"es la más grande de las victorias"**. Esta idea de Platón está* *dirigida a todos nosotros, los seres humanos. Esa reflexión de Platón debe ocupar el primer plano de nuestras ideas y representar el más alto galardón de nuestras vidas. Alcanzarlo es, asegurar nuestras perspectivas futuras y el bienestar propio y de nuestras familias.*

Cuando estamos satisfechos con nosotros mismos, interiormente y exteriormente, somos seres realizados. Aún más, ese logro nos permite conquistar a otros u obtener nuestras metas más fácilmente. Platón una vez más nos muestra mediante esta frase su inmensa sabiduría. Su exposición nos induce a pensar en nuestras autoestimas y avances personales. Efectivamente, ese progreso determina todo lo que hemos logrado a través de nuestra aceptación como seres únicos e inteligentes, y eso se trasluce en nuestro desarrollo y propia realización.

Por cierto, de todas las cosas que un ser humano puede lograr, "la conquista propia" es la más importante de su vida y la que más lo puede enorgullecer. Principalmente, en el aspecto emocional. Sus resultados positivos lo pueden ayudar a vivir de manera satisfactoria y feliz. Una persona realizada posee auto dominio, es segura de sí misma y puede, por tanto, tomar decisiones correctas y desarrollar trabajos con más efectividad que otros individuos que viven sumergidos en el mar de la inseguridad viviendo solamente el día a día. Como resultado de eso, sus capacidades mentales no se desarrollan y muestran una autoestima deficiente.

La "conquista propia" propia lo cambia todo en nuestras vidas. No sólo a nivel mental; también en el aspecto emocional. Porque nuestras ideas van de la mano con nuestros sentimientos. **Conquistarnos a nosotros mismos es el reto más grande de nuestras vidas, porque cuando lo logramos sentimos que la confianza crece, el valor aumenta y la voluntad se apodera de nuestro ser. Sus efectos nos permiten vencer y triunfar en todas las batallas de nuestras vidas.**

Mensaje bíblico: *«Eclesiastés 9:11: **"Ni es de los ligeros la carrera, ni la guerra de los fuertes"**».*

27) «ENTRE LA ESPADA Y LA PARED».

Pintura de: Francisco Domingo
Marqués; 1866

Categoría: *Dicho proverbial.*

Se refiere: *a estar acorralado.*

Significado: "Entre la espada y la pared" *es un dicho cuyo vocabulario enuncia una acción de peligro; significa: estar una o varias personas acorraladas, sin poder defenderse o con una mínima posibilidad de salvación. Básicamente, esta frase se refiere a una situación específica que encierra un escenario peligroso, el cual puede comprometer la vida de quien o quienes se encuentran en circunstancias de* *inseguridad. En fin, esta locución insinúa lo siguiente: las personas implicadas en un incidente no tienen alternativas posibles de liberación.*

En sentido general, este dicho podría aplicarse a diferentes situaciones; por ejemplo, cuando alguien no puede evadir una pregunta embarazosa. Asimismo sucede cuando los hechos hablan por sí solos, y los involucrados no pueden defenderse. Este es el caso donde la gente es sorprendida "con las manos en la masa"; otro dicho que significa agarrar a alguien en el acto o momento que realiza una mala acción. Ese escenario muestra a alguien que se encuentra arrinconado, sin excusas ni escapatorias. Un estado de riesgo del cual se derivan dos opciones: rendirse o caer vencido.

Moraleja: *Cuando un culpable está acorralado debe mostrar su valor y honestidad enfrentando las consecuencias de sus actos; porque mientras más sincera sea su actitud, mayor será la posibilidad de su salvación.*

Reflexión: *Cuando te sientas perseguido, acorralado o indefenso piensa en el poder de Dios. En Él encontrarás la defensa o solución a tu problema. El Señor es nuestro refugio en las tribulaciones.*

Cita relacionada al dicho:

"Sostengo que cuanto más indefensa es una criatura, más derecho tiene a ser protegida por el hombre, contra la crueldad del hombre".

Mahatma Gandhi
(1869-1948)

*Mahatma Gandhi (1869-1948); abogado, pensador y político indio, dijo: "**Sostengo que cuanto más indefensa es una criatura, más derecho tiene a ser protegida por el hombre, contra la crueldad del hombre**". Gandhi en esta expresión estaba apelando a los sentimientos de los humanos. Todos poseemos las mismas características. Por* esa razón Gandhi sugirió en esta expresión, que debemos protegernos unos a otros de la crueldad de humanos como nosotros, pero que se han convertido en inhumanos. **A esos individuos muy bien podemos considerarlos desertores de la humanidad.** Debido a sus malas ideas y acciones, las cuales difieren de las que poseen la mayoría de personas buenas.

Luego analizando por parte esta reflexión, en su primer segmento Gandhi indicó: "**Sostengo que cuanto más indefensa es una criatura, más derecho tiene a ser protegida por el hombre**". Gandhi apuntó en esta frase una realidad. Todos somos seres humanos, y por tal razón debemos ayudarnos mutuamente. La sensibilidad del hombre es la única capaz de mover sus sentimientos y encausar sus efectos hasta alcanzar su compasión. Este pensamiento de Gandhi utiliza dos palabras muy significativas, él expresó: esa persona tiene "**más derecho**". Tomándolas una a una tenemos: "**más**" es el aumento de las cosas; y "**derecho**" se refiere, a la facultad natural otorgada al ser humano para legitimar todo lo pertinente a su vida.

Finalmente, Gandhi señaló mediante esta nota, que cada persona tiene grandemente la facultad de reclamar sus derechos; estos vienen dados desde el mismo momento de su nacimiento. Todavía, esa potestad está contemplada en la Declaración Universal de los Derechos Humanos. Luego, continuando este análisis, después de esa primera expresión Gandhi concluyó su idea declarando lo siguiente: una persona indefensa debe ser protegida, "**contra la crueldad del hombre**". Positivamente somos nosotros, los mismos humanos, quienes debemos tener siempre la intención de proteger a los más indefensos o desamparados. Sobre todo, como Gandhi señaló en esta cita: es nuestro deber amparar o defender a cualquier ser indefenso que se encuentre bajo la influencia, dominio o malignidad de seres despreciables e inmundos.

Mensaje bíblico: «*Salmo 46:1:* "**Dios es nuestro amparo y fortaleza, nuestro auxilio en las tribulaciones**"».

28) «ES PEOR EL REMEDIO QUE LA ENFERMEDAD».

Productos utilizados en remedios caseros
Foto: N.C.

Categoría: *Refrán famoso.*

Se refiere: *a los remedios caseros y sus efectos; también este aplica a los conflictos.*

Significado: "Es peor el remedio que la enfermedad" *es un refrán famoso. Literalmente, este refrán se refiere a los remedios caseros, los cuales se aplican sin conocimientos médicos. En algunas ocasiones, esos brebajes o preparaciones caseras alivian ciertos malestares del organismo humano; pero muchas veces esos paliativos, en lugar de mejorar el malestar, lo empeoran. Eso sucede simplemente, porque ese remedio no era el más apropiado para ese trastorno de salud. La medicina natural: cocimientos, infusiones o aplicaciones cutáneas carecen de los conocimientos, medios y herramientas que soportan la medicina profesional.*

Los doctores, además de su preparación académica en el campo médico, se auxilian de los resultados de análisis de laboratorios; estos los ayudan a tratar las diferentes enfermedades. De hecho, todos los médicos primero hacen una evaluación al enfermo basada en sus síntomas. Sus conocimientos sumados a los resultados de los exámenes prescritos constituyen sus guías. Estos les indican a esos galenos, la condición que afecta al paciente. Luego, ellos proceden a aplicar el tratamiento más apropiado.

Añadiendo, mientras la medicina natural es tentativa; la profesional utiliza métodos seguros. Esta ofrece un pronóstico exacto del tratamiento que necesita cada paciente. En tanto, todavía la medicina natural no ha alcanzado los grados de efectividad necesarios en su aplicación. Mediante estos análisis podemos apreciar claramente, las ventajas de la medicina profesional y las desventajas de la natural. Obviamente, existe mucha diferencia entre ambas.

En otro contexto, este dicho se emplea también, cuando alguien interviene en un conflicto; y en lugar de apaciguar la confusión o mitigar el disgusto entre los implicados, su mediación empeora más la situación existente.

Productos utilizados en remedios caseros
Foto: N.C.

Moraleja: *Debemos tener mucho cuidado al disponemos a emplear un remedio natural, sobre el cual no tenemos ningún tipo de referencia; porque como dice el refrán "Podría ser peor el remedio que la enfermedad". En dolencias menores los remedios caseros pueden ser beneficiosos, pero en males mayores estos pueden ser peligrosos. El mismo criterio aplica a los conflictos. En estos, únicamente debemos intervenir de forma positiva y parcial.*

Reflexión: *Aunque el sufrimiento que causan las dolencias es negativo; cuando esa condición se presenta, ella nos muestra una triste realidad de la vida; pero al mismo tiempo la misma condición nos enseña a valorar más nuestras vidas y a nuestros seres queridos.*

Cita relacionada al dicho:

"El razonar riguroso y preciso es el único remedio universal válido para todas las personas y disposiciones".

David Hume
(1711-1776)

David Hume (1711-1776); filósofo escocés dijo: **"El razonar riguroso y preciso es el único remedio universal, válido para todas las personas y disposiciones".** *Hume le otorgó al razonamiento riguroso (duro, implacable) y preciso (justo, exacto), la corrección a las faltas que incurre la gente. Él afirmó, además, ese es un remedio* **"universal, válido para todas las personas y disposiciones".**

Partiendo de su estricto concepto sobre la razón, la cual consiste en frenar y ajustar nuestros discernimientos, razonar es la más alta expresión de la conducta humana. Debido a esa gran verdad Hume expresó: **"Es el único remedio universal válido"**. Porque cuando empleamos dicha disciplina a nuestras vidas, esta no nos permite cometer errores. La razón es la encargada de la superioridad de los hombres. Ella es la única capaz de manejar nuestras existencias en la dirección correcta.

Mensaje bíblico: «Salmo 103:3: **"Jehová es quien perdona todas tus iniquidades, el que sana todas tus dolencias"**».

29) «ESPERANDO LA CIGÜEÑA».

Cigüeña blanca
Autor: Carl Linnaeus, 1758

Categoría: *Dicho proverbial.*

Se refiere: *al embarazo de una mujer y la llegada de su bebé.*

Significado: "Esperando la cigüeña" *es una expresión muy sutil, la cual está destinada a comunicar el embarazo de una mujer. Esta frase se basa en las costumbres de las cigüeñas; un ave que se va de su morada, pero regresa cada año a su mismo nido.*

Ellas invernan en África meridional y regresan a Europa en primavera. Este hecho las convierte en un ave muy especial. Las cigüeñas, además de proteger sus crías, ellas cuidan las más jóvenes y viejas. Otra característica positiva de ellas es, que comparten su nido con gorriones, estorninos y cernícalos.

Moraleja: *El embarazo es un privilegio de la mujer y traer un niño al mundo es una bendición Divina. Jesús dijo: **"Creceos y multiplicaos"**. Entonces, en la mujer se cumple un mandato Celestial.*

Reflexión: *Para la mujer, la maternidad es la experiencia más maravillosa del mundo; pero sólo el sexo femenino es capaz de mantener en su vientre una vida y traerla al mundo; ese es un momento único. El malestar del embarazo sólo dura nueve meses; mientras, la felicidad de ser madre y la alegría que nos brindan los hijos es para siempre. ¡Niños! ¡Bendiciones Divinas!*

Comentario histórico: *El nombre científico de la cigüeña es Ciconia. Su longitud es de un 1 metro y su altura de 1 a 1.5 metros. Se ha calculado que su tiempo de vida o longevidad máxima es de 20 años. La cigüeña es un ave carnívora, se alimenta de peces, ranas, insectos, etcétera. Esta ave migratoria hiberna en la sabana de África Meridional.*

Cada año la cigüeña regresa a Europa y al mismo nido, entre los meses de abril y mayo. Su aparición es considerada en Europa símbolo de buen augurio. La eclosión de sus huevos se produce en aproximadamente un mes. Sus crías emprenden vuelo dos meses después de salir del cascarón. La cigüeña es un ave muy especial. Se caracteriza por su buen comportamiento hacia sus crías y el cuidado a las demás de su clase. En especial, a las más viejas.

Debido a su invariable conducta, esas aves se consideran aves positivas; tanto así, que las personas las asocian al nacimiento de un ser humano. Partiendo de un bebe, quien representa la vida humana, la autenticidad genética de sus padres y la permanencia de la humanidad. Por otra parte en Aragón, España, la cigüeña blanca ha sido declarada especie protegida.

Cita relacionada al dicho:

"Ningún hombre debe traer hijos al mundo que no esté dispuesto perseverar hasta el fin, en naturaleza y educación".

Platón

(428 a. C.-348 a. C.)

*Platón (428 a.C.-348 a.C.), Filósofo Griego dijo: **"Ningún hombre debe traer hijos al mundo que no esté dispuesto perseverar hasta el fin, en naturaleza y educación".** Platón mediante esta frase planteó la responsabilidad de los padres hacia sus hijos la cual es para todas sus vidas. Este sabio de Grecia nos sugirió, que antes de procrear una criatura debemos pensar en el compromiso que estamos asumiendo. Un hijo une*

132

a las parejas; pero al mismo tiempo compromete a ambos en cuanto a su cuidado, protección y educación.

Platón aseveró su pensamiento e indicó: si uno de los cónyuges **"no está dispuesto a perseverar hasta el fin, en naturaleza y educación"**, este no está capacitado para traer un hijo al mundo. **"Perseverar hasta el fin"** significa: permanecer a su lado por el resto de nuestros días o hasta su muerte. Un hijo debe ser lo más importante para sus padres. Su amor, comprensión y apoyo deben ser incondicionales y eternos. Por lo tanto, estos deben ser firmes y perdurar por siempre. En relación a lo expresado por Platón sobre su **"naturaleza y educación"**; estas condiciones conciernen a su hábitat: el ambiente donde ese niño se críe, su educación e instrucción académica.

En síntesis, antes de una pareja en edad productiva relacionarse íntimamente, ambos deben estar de acuerdo en un posible embarazo o tomar las medidas de protecciones necesarias para evitarlo, si ellos lo consideran apropiado en ese momento. Esa decisión siempre será más conveniente, que procrear un bebe y luego abandonarlo, maltratarlo (de manera física o moral), o bien, no proveerle la educación que este niño requiere. Esta frase de Platón es acertada desde todos los puntos de vista de la responsabilidad individual, la cual compromete la moral y dignidad de todos los seres humanos.

Mensaje bíblico: «*Jesús dijo: **"Dejad que los niños vengan a mí, porque de ellos es el reino de los cielos"**».

30) «¡ESTO ES JAUJA!».

Categoría: *Refrán proverbial.*

Se refiere: *al placer, regocijo o satisfacción.*

Significado: *"¡Esto es Jauja!" es una expresión histórica y famosa, relacionada a una hermosa ciudad de Perú llamada Jauja. Este dicho se refiere al placer, regocijo o satisfacción, que puede sentir una persona en un momento determinado. De modo que disfrutar plenamente de una buena compañía o en un lugar agradable es igual a estar en "Jauja". Una frase expresada por alguien que siente un placer máximo o de extraordinaria felicidad.*

Moraleja: *Las situaciones más hermosas que vivimos siempre nos llenan de placer y regocijo.*

Reflexión: *La alegría del corazón fomenta la salud; pero la tristeza del alma es causa de enfermedad.*

Comentario histórico: *Se denomina Jauja a una ciudad de Perú fundada en el siglo XVI por su conquistador Francisco Pizarro. Él fundó esa ciudad el 25 de abril del 1534. Su objetivo era instituirla como centro principal de los demás territorios que él estaba descubriendo. Jauja estaba ubicada en el valle más amplio de la Cordillera Andina. Esta fue la primera ciudad de Nueva Castilla y es la capital de la Provincia Jauja de Perú.*

Esta ciudad se caracterizaba por estar ubicada en una zona ideal de ese país. Con un clima agradable y bellos paisajes. Las extraordinarias condiciones de este lugar atraían a sus visitantes. Su fama alcanzó grandes dimensiones y popularidad; tanto así, que la comparaban con el paraíso soñado. De ese modo, cuando alguien estaba disfrutando plenamente de un lugar o buena compañía decía esta frase: "¡esto es Jauja!" Mediante esta expresión, esa persona expresaba su felicidad. Luego ¡estar en Jauja! era encontrarse excelentemente bien o ¡en la gloria!

Cita relacionada al dicho:

"Es preciso vigilar los deseos del cuerpo, pues el cuerpo pide placeres vanos, efímeros y deplorables, que si no se regulan con gran moderación irán a parar a la sensación opuesta".

Séneca
(4 a. C.- 65 d. C.)

*Lucio Anneo Séneca (4 a. C. – 65 d. C.); escritor, filosofo, orador y político romano dijo: **"Es preciso vigilar los deseos del cuerpo, pues el cuerpo pide placeres vanos, efímeros y deplorables, que si no se regulan con gran moderación irán a parar a la sensación opuesta"**. Este apotegma de Séneca concierne a los placeres de la vida.*

Muchos de ellos deben ser controlados por nosotros para evitar que en el futuro se conviertan en enfermedad. Por ejemplo, comer en demasía. En relación a este punto cabe indicar, que el descontrol alimenticio se puede convertir en obesidad, y esta a su vez en diabetes, colesterol elevado, alta presión arterial y problemas cardíacos.

Séneca expuso lo siguiente: **"Es preciso vigilar los deseos del cuerpo"** significando: debemos estar alertas a nuestras manifestaciones corporales. Después él continuó diciendo: **"Pues el cuerpo pide placeres vanos, efímeros y deplorables"**. En este punto él insinuó: el cuerpo se puede equivocar en sus requerimientos. Pues **"vanos"** quiere decir superficiales o insustanciales. Luego, dentro de los **"efímeros"** están: los fugaces o transitorios. En cuanto a los **"deplorables"** tenemos los lamentables o tristes. Por lo tanto, Séneca recomendó cuidar nuestros deseos, porque estos podrían ocasionarnos problemas. Ninguno de los placeres antes mencionados aporta valor o importancia a la vida o salud de alguien.

De inmediato Séneca en su exposición sobre los deseos del cuerpo agregó: **"Si no se regulan con gran moderación irán a parar a la sensación opuesta"**. Claramente en su conclusión, este sabio señaló las consecuencias de darle al cuerpo todo lo que este pide. Partiendo de la **"sensación opuesta"**, este es el efecto inverso a lo esperado. Entonces, un placer **"vano, efímero y deplorable"** es lo mismo que decir: un goce superficial, fugaz y triste, simultáneamente. Cuando un placer toma el rumbo equivocado, este podría terminar, no sólo con la buena salud de quien lo disfruta; también, con su felicidad.

Mensaje bíblico: «Jesús dijo: **"Bienaventurados los limpios de Corazón, porque ellos verán a Dios"**».

31) « HAY QUE CORTAR POR LO SANO ».

Categoría: *Refrán proverbial.*

Se refiere: *a los malos entendidos y la forma pacífica de resolverlos.*

Significado: **"Hay que cortar por lo sano"** *es un refrán que textualmente alude a las cirugías que realizan los médicos en un quirófano. Por ejemplo, cuando un cirujano va a extirpar una tumefacción del cuerpo humano; este además de eliminar ese tumor también, trata de excluir todo a su alrededor, abarcando un área mayor que incluye partes sanas. Tomando esta medida de precaución, ese profesional asegura la No regresión del mal.*

Sin embargo, esta expresión en sentido alegórico está dirigida a la conducta humana. La misma se vincula a los malos entendidos entre las personas. En este sentido esta frase sugiere, que la manera más eficaz de subsanar las discordias es "cortando por lo sano". Eso significa, afrontar los hechos de forma pacífica y educada. Esa actitud nos impide llegar a extremos desagradables que siempre conducen a las personas hacia las discordias y/o violencias.

La escritura de este refrán también propone: cuando existen discrepancias entre familiares o amigos, lo mejor es encontrar un medio pacifico que ayude a aclarar cualquier duda o confusión entre ellos.

Moraleja: *La vía que conduce hacia la Paz es la mejor y más efectiva de todas, porque ella encierra la armonía del buen vivir.*

Reflexión: *"Cortando por lo sano" podemos vivir más y en perfecta armonía. La amistad es positiva; y la desavenencia negativa.*

Cita relacionada al dicho:

"Por dolorosa experiencia hemos aprendido que la razón no basta para resolver los problemas de nuestra vida social. La penetrante investigación y el sutil trabajo científico han aportado a menudo trágicas complicaciones a la humanidad,...creando los medios para su propia destrucción en masa".

Albert Einstein
(1879-1955)

Albert Einstein (1879-1955); físico-científico alemán, nacionalizado suizo/americano dijo: ***"Por dolorosa experiencia hemos aprendido que la razón no basta para resolver los problemas de nuestra vida social. La penetrante investigación y el sutil*** *trabajo científico han aportado a menudo trágicas complicaciones a la humanidad, …creando los medios para su propia destrucción en masa"*. *Este es un corto párrafo escrito por Einstein sobre el "Lado oscuro de la historia de la ciencia".*

El párrafo mostrado arriba está relacionado al surgimiento de los problemas durante nuestro trato social. Sin embargo, esta cita es un reconocimiento de Einstein a muchas tragedias que fueron producto de trabajos científicos. Luego, ratificando su idea y mirando más allá de las perspectivas científicas podemos decir, sus hipótesis y demostraciones pueden ocasionar daños imprevistos a la humanidad. De hecho, estas pueden ser de gran magnitud catastrófica. Esto último se comprueba en la "Teoría de la Relatividad de la Luz" descubierta por Albert Einstein, el mismo escritor de este artículo.

El propósito de su teoría era descubrir la relatividad de la luz; pero irónicamente, ese hallazgo dio lugar a la Bomba Atómica, la cual puede ser usada para destruir vidas y materias. Incluso, si esas bombas se lanzan en serie podrían exterminar todo lo existente en el planeta o el planeta con todo su contenido.

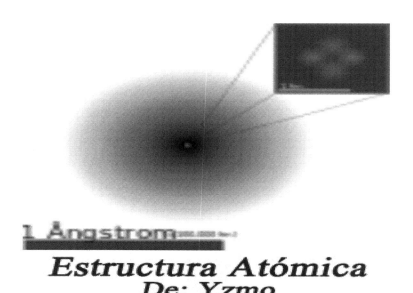

1 Ångstrom

Estructura Atómica
De: Yzmo

Mensaje bíblico: *«Lucas 6:37: "No juzguéis, y no seréis juzgados. No condenéis, y no seréis condenados. Perdonad y seréis perdonados"».*

32) «*HAZ BIEN Y NO MIRES A QUIEN*».

Pintura de Jesús sanando a un niño
Obra de: Gabriel Von Max

Categoría: *Refrán proverbial/Proverbio.*

Se refiere: *a la generosidad y ayuda desinteresada.*

Significado: *Es un proverbio que forma parte de las enseñanzas cristianas, mediante las cuales aprendemos actitudes como la que nos muestra esta locución:* **"Haz bien y no mires a quien".** *Por lo tanto,* **"haz bien"** *significa: ser generoso con cualquier* *persona necesitada de ayuda. La generosidad es una característica de la esencia humana.*

Entre tanto: **"No mires a quien"** *indica, que no nos debe importar de quien se trate, lo importante es suministrarle a esa persona la asistencia necesaria para que ella pueda resolver su problema. Realmente, cuando ofrecemos las cosas del modo señalado por esta expresión, esa acción constituye la más elevada actitud de un humano; porque esta muestra lo mejor del ser.*

Moraleja: *Dentro de nuestras posibilidades debemos hacerles el bien a las personas necesitadas. Las obras generosas enorgullecen a nuestro Padre Celestial; así como los padres terrenales nos enorgullecemos de nuestros hijos, cuando ellos actúan de forma correcta conforme a los valores humanos que le hemos endeñado. También cuando ellos se destacan en sus estudios, profesiones o alguna actividad específica.*

Los actos humanitarios contribuyen al bienestar, no sólo de quien los recibe, también de quien los provee. Por su alta calidad espiritual esos eventos pueden considerarse manifestaciones de Dios en la tierra, las cuales Él realiza a través de nosotros los humanos.

Reflexión: *"Haz bien y no mires a quien"; pero hazlo de corazón, para que ese sentimiento sea una auténtica manifestación de Amor.*

Comentario histórico: *Existen varias versiones bíblicas de esta expresión, la cual constituye una manifestación de generosidad. La biblia; Nuevo Testamento;* **Gálatas** 6:10 *dice:*

"Así pues tengamos oportunidad hagamos bien a todos, y especialmente a los de la familia de la Fe".

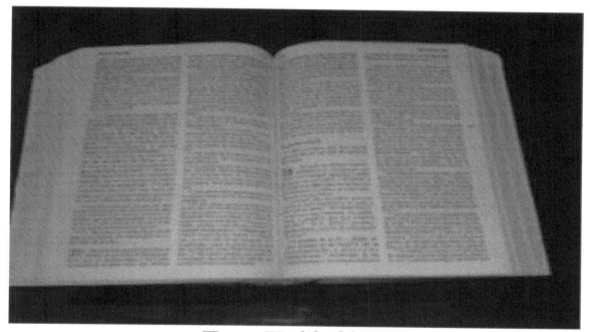

La Biblia.
Eclesiástico, Sira. 12

Entretanto la Biblia: Eclesiástico, Sira. 12 expresa:

"Si haces un favor, mira a quien lo haces, y te vendrá un reconocimiento. Haz el bien a un fiel, y serás recompensado, sí no es por él, por el Altísimo. No se hacen favores al que se obstina en hacer el mal, ni al que no tiene compasión. Da a un fiel, pero no ayudes al pecador. Haz el bien al que es humilde, pero no des a un impío. Niégale el pan, no se lo des, pues llegaría a ser más poderoso que tú, y te pagaría con el doble de mal tus buenas obras...Da al hombre bueno, pero no vayas en ayuda del pecador".

Ben Sira en este párrafo anterior nos recuerda los principios fundamentales del hombre, que incluyen las normas de prudencia o sensatez. Además, Sira nos aconseja y alerta sobre la maldad de algunos individuos. Mientras el evangelio de Jesús (Gálatas 6:10), nos brinda recomendaciones de compasión hacia nuestros semejantes; el capítulo 12 de Sira es más concluyente. Este especifica que debemos hacer el bien solamente a personas buenas. Las observaciones de Sira nos ayudan; sobre todo, estas son beneficiosas para los jóvenes e incautos, ya que su contenido literal expone algunas pautas de prevenciones personales.

*De acuerdo a Ben Sira, este proverbio debía decir: **Haz bien, pero mira a quien**. Desde que su consejo en el párrafo de Eclesiástico (Sira 12), él explica: **"Si haces un favor, mira a quien lo haces"** En otro orden de ideas, Sira propuso que no debemos hacer favores a todas las personas!? Sino a las buenas. No obstante, Jesús dijo: **"Amaos los unos a los otros; y a vuestro prójimo como a ti mismo"**. Él no expresó nada sobre establecer distinciones entre unos y otros. En mi humilde opinión pienso, el refrán en cuestión está muy bien elaborado, porque este expone un léxico desinteresado, tal como deben ser las acciones que nacen del corazón.*

Ayudar a alguien con cariño y desinterés es la forma más genuina de Fe Cristiana. Escoger a quien se le debe hacer un favor no es generoso; más bien es interesado; aún cuando se trate de gente malvada. Algunas personas cambian su mala actitud cuando ven las demostraciones de generosidad de otros. Además, todos merecemos una oportunidad, y esa, se la debemos ofrecer a quienes lo necesiten; incluyendo a los descarriados. El bien siempre triunfa sobre el mal; de lo contrario no existirían obras Divinas y gente bondadosa. El valor espiritual que alcanzan las acciones benéficas o caritativas que efectuamos, únicamente se logra, a través del sentimiento de compasión hacia nuestros hermanos afligidos o los abatidos, tristes o desesperados.

Asimismo, debemos compadecernos de quienes están afectados por alguna condición de salud, física o mental; así como cualquier situación deplorable.

Cita relacionada al dicho:

"Si haces bien para que te lo agradezcan, mercader eres, no bienhechor; codicioso, no caritativo".

Francisco de Quevedo (1580-1645)

Francisco de Quevedo (1580-1645); escritor, dramaturgo y poeta del Siglo de Oro de la literatura española dijo: **"Si haces bien para que te lo agradezcan, mercader eres, no bienhechor; codicioso, no caritativo".** *Quevedo mediante este enunciado nos reveló una gran verdad. Las obras de caridad debemos hacerlas motivados por* *sentimientos de amor y compasión. Eso se denomina, hacer algo de corazón, sin esperar nada a cambio.*

*Sin embargo, un individuo que efectúa una acción esperando ser recompensado por la misma, a este Quevedo le llamó: **"Mercader eres, no bienhechor; codicioso, no caritativo"**. Quevedo significó en esa frase, que esa persona no siente compasión en su alma. Ella hace favores, únicamente, porque está interesada en obtener algo a cambio o popularidad. Desde que un **"mercader"** es un vendedor. Así es la persona descrita por Quevedo; para ella, hacer un favor es una inversión; un negocio que luego la beneficiará.*

*Además, Quevedo añadió que esa persona más bien era **"codiciosa"**; eso significa, ambiciosa, interesada. Una definición certera de quien busca satisfacciones propias.*

Mensaje bíblico: *«Coloneses 3:17:* **"Y todo lo que hacéis de palabra o de hecho, hacedlo todo en el nombre del señor Jesús, dando gracias por medio de él, a Dios el Padre"».**

33) «*HIERBA MALA, NUNCA MUERE*».

Hierba mala

Categoría: *Refrán proverbial.*

Se refiere: *a la resistencia física de algunas personas.*

Significado: "Hierba mala nunca muere" *es un refrán muy peculiar, el cual ha tomado como referencia la hierba mala (aquella que crece en la tierra y carece de valor para el pasto; pero la cual puede perjudicar las plantas útiles y el césped; y es difícil de eliminar). Esta expresión destaca la resistencia física de alguien, a la vez que origina a nivel intuitivo una observación. Luego, en sentido figurado esta frase compara la fortaleza de un humano con la firmeza de las hierbas malas, las cuales aunque se corten renacen de nuevo. Ellas crecen en el prado, jardín o pasto y resulta muy difícil su exterminación; ¡Nunca mueren!*

Por lo tanto, cuando se quebranta la salud de una persona y ella prontamente muestra recuperación, venciendo la enfermedad que la está aquejando, se le dice a modo de broma: "eres como la hierba mala, nunca mueres". Su significado radica en la fortaleza de quien posee un sistema inmunológico fuerte, que combate y vence sus padecimientos orgánicos; sobre todo, de manera rápida y eficaz. Cuando aplicamos este refrán a quien ha vencido una enfermedad, su mismo enunciado destaca la resistencia física de esa persona.

Moraleja: *La buena alimentación fortalece el cuerpo. Los nutrientes crean resistencia física, que ayudan a combatir los microorganismos que producen las enfermedades. El restablecimiento de algunas personas es más rápido debido a su buen estado de salud. Cuida tu alimentación y no serás una víctima más de las enfermedades.*

Reflexión: *El libro de la vida contiene las vivencias de todos los humanos; y estas, a su vez, forman la Enciclopedia Mundial del Hombre; porque cada uno de nosotros tiene su propia historia.*

Tomatillo del diablo; hierba Mora. De: L. Sp. Pl. 1: 186, 1753

Cita relacionada al dicho:

"¿Qué es la vida? Un frenesí. ¿Qué es la vida? Una ilusión. Una sombra, una ficción; y el mayor bien es pequeño, y toda la vida es sueño; y los sueños, sueños son".

Pedro Calderón de la Barca (1600-1681)

Pedro Calderón de la Barca (1600-1681); escritor, dramaturgo, militar y poeta barroco español del siglo de Oro dijo: "¿Qué es la vida? Un frenesí. ¿Qué es la vida? Una ilusión. Una sombra, una ficción; y el mayor bien es pequeño, y toda la vida es sueño; y los sueños, sueños son". Esta glosa es de su obra teatral *"La Vida es un Sueño"*, estrenada en el 1635 y publicada en el 1636. Su tema central se basó en la *"libertad frente al destino"*. En ese tema de la Barca se inspiró en el concepto de la vida según Platón.

En su alusión hacia el origen de la vida, este escritor nos mostró mediante esta cita, varios argumentos formados con preguntas y respuestas. Él primero expresó: *"¿Qué es la vida? Un frenesí"*. En ese segmento él insinuó que la vida es un ímpetu, la cual aparece de repente. En seguida él continuó diciendo: *"¿Qué es la vida? Una ilusión"*. En esa sección él supuso que la vida es una quimera, un ensueño o quizás, un delirio, el cual surge y luego se esfuma. Luego él aseveró: *"Es una sombra, una ficción"*, en esta última frase el discrepó de sus primeras exposiciones. Desde que una sombra no es material, sino una proyección de alguien o algo.

Por su parte, la ficción es irreal, es una invención, un mito o cuento. Finalmente, de la Barca concluyó su pensamiento exponiendo lo siguiente: *"El mayor bien es pequeño, y toda la vida es sueño, y los sueños, sueños son"*. La primera parte de su conclusión se inició así: *"El mayor bien es pequeño"*. Eso nos indica: el bien más grande que puede realizar un ser humano es pequeño, ante la majestuosidad de la vida misma en su extensa revelación. Prontamente, él agregó: *"Toda la vida es sueño, y los sueños, sueños son"*. Ese fue su cierre sobre la definición de la vida.

De la Barca afirmó: *"Toda la vida es sueño"* presentando la existencia humana, como algo transitorio o pasajero. Aún más, de la Barca después de exponer esa frase recalcó su concepto sobre la vida de modo concluyente; él enunció: *"Y los sueños, sueños son"*. En su síntesis de la Barca enfatizó su creencia sobre la vida. Él insinuó, que la vida surge de la pasión e ilusión de la gente. Su concepción quizás se debe a brevedad de la existencia humana. Así como esta aparece, también desaparece, tal como un sueño. Su exposición sobre la vida, si bien no está definida con exactitud, está muy cerca de la verdad; porque la vida del hombre es transitoria; así como los sueños.

Mensaje bíblico: «*Isaías 40-29: "Él da vigor al cansado, y multiplica las fuerzas al que no tiene ninguna"*».

34) «HIJO DE GATO CAZA RATÓN».

Gato (Felis catus);
Carl Linnaeus, 1758

Categoría: *Refrán proverbial.*

Se refiere: *al mal ejemplo que pueden recibir los hijos de sus Padres.*

Significado: *De acuerdo a este refrán, los hijos son una réplica de sus padres; eso incluye su mal comportamiento.* **"Hijo de gato caza ratón"** *es un dicho que señala directamente a los niños (hijos de gatos), quienes son condenados por las culpas de sus padres. Por otra parte, cuando a un ser humano se le dice "gato", a él se le está comparando con el animal del mismo nombre, los felinos considerados cazadores. Algunos de ellos toman de las despensas de los humanos provisiones para su alimentación. Mientras los callejeros o sin dueños cazan pequeños mamíferos. Por lo* *tanto, cuando a una persona se le llama "gato o gata" se le está considerando ladrona, delincuente o de conducta salvaje.*

Entretanto, este refrán indica, los hijos de delincuentes adoptan la misma conducta que sus progenitores. Sin embargo, esos niños son víctimas de sus padres. Ellos tuvieron el infortunio de nacer de esos malhechores. La mayoría de esos seres inocentes aprenden en sus propios hogares malos hábitos; pero en otros casos, sus padres cuidan que sus hijos no sean iguales que ellos y les proporcionan una buena educación: en el hogar y en la escuela. En otro contexto, aunque esta frase fue elaborada para destacar las malas costumbres que pueden adquirir los niños en sus propios hogares; científicamente, esta locución es verdadera en el aspecto genético.

Desde que Francis Crick descubrió en el siglo XX el ADN; una revelación que compromete de forma hereditaria a los padres con sus hijos, en su esencia misma. En el caso particular de este refrán, su contenido literal significa lo siguiente: si un padre tiene malas costumbres o se dedica a realizar actos delictivos, sus hijos se conducirán de igual forma que él e imitarán sus malas acciones. Asimismo, desde un punto vista general, el criterio de la gente sobre la similitud entre padres e hijos engloba todas las posibles interacciones entre ellos; y estas abarcan sus buenos y malos hábitos. Todas esas razones estimulan a muchas personas a considerar este dicho verídico.

Francis Crick (1916 - 2004)

Moraleja: *No debemos juzgar a los hijos de delincuentes por los actos ofensivos de sus padres. Más bien, debemos darles a esas criaturas inocentes la oportunidad de realizarse como hombres y mujeres de bien. Esperanzadamente, su calidad moral y conducta serán diferentes a las de sus progenitores.*

Reflexión: *En cada padre permanece la esencia de su hijo; y en cada hijo subsiste la naturaleza de su padre. Ambos están unidos por un hilo invisible que los une para siempre. Genéticamente, ese es un lazo fehaciente. Luego, en la vida diaria, los actos (buenos o malos) de los padres se reflejan en sus hijos. De igual forma, las acciones de los hijos se proyectan en sus padres.*

Todos los padres debemos reflexionar antes de actuar de manera incorrecta, porque no sólo nos perjudicamos nosotros mismos, también arrastramos a nuestros seres más queridos al descrédito, humillación y posiblemente, a la perdición o muerte. En términos generales, la conducta representa nuestros actos y es la más auténtica definición nuestras vidas.

Cita relacionada al dicho:

"Enseñarás a volar, pero no volarán tu vuelo. Enseñarás a soñar, pero no soñarán tu sueño. Enseñarás a vivir, pero no vivirán tu vida. Sin embargo, en cada vuelo, en cada sueño y en cada vida quedará para siempre la huella del camino enseñado".

Madre Teresa

(1910-1997)

Madre Teresa de Calcuta (1910-1997); monja de la Orden de las Hermanas de Nuestra Señora de Loreto. Premio Nobel de la Paz 1979. Beatificada en el 2003 por el Papa Juan Pablo II; de la india. Sobre los hijos, la Madre Teresa dijo esta linda expresión: ***"Enseñarás a volar, pero no volarán tu vuelo. Enseñarás a soñar, pero no soñarán tu sueño. Enseñarás a vivir, pero no vivirán tu vida. Sin embargo, en cada vuelo, en cada sueño y en cada vida, quedará para siempre la huella del camino enseñado".***

Esa es una preciosa frase de la Madre Teresa. Aunque en el inicio de su nota sus primeras palabras suenan un poco dolorosas, estas representan una realidad común de la Familia Humana. Porque creamos a nuestros hijos, pero muchos de nosotros queremos diseñarlos a nuestra imagen y semejanza. Pero nos olvidamos de algo, aunque los procreamos ellos no son de nuestra propiedad; cada ser humano dispone de su vida de acuerdo a su criterio personal. Pues bien, la Madre Teresa comenzó su reflexión de este modo: ***"Enseñarás a volar, pero no volarán tu vuelo".*** *Ciertamente, enseñamos a nuestros hijos a vivir en este mundo tan complejo; no obstante, debemos saber, que ellos tendrán sus propias ideas, decisiones, gustos y preferencias. En fin, cada persona crea su propio estilo de vida. Los padres sólo los enseñamos a volar, para que luego ellos emprendan sus propios vuelos.*

En tanto la Madre Teresa continuó diciendo: ***"Enseñarás a soñar, pero no soñarán tu sueño".*** *Definitivamente, enseñamos a nuestros hijos a tener sus propios ideales, que los ayuden a desarrollarse como seres inteligentes. Precisamente de ese concepto surgen las diferentes áreas del saber, tomando en consideración las actitudes que trae consigo cada niño al nacer. Por ejemplo, mientras unos son doctores otros son ingenieros. Asimismo los artistas: músicos, cantantes, pintores, arquitectos, etc. Quizás un padre es ingeniero, pero tiene un hijo médico. Desde otro punto de vista se encuentran los gustos y preferencias. Puede ser que lo que al padre le gusta al hijo no le agrada o viceversa. Partiendo de esa concepción se ha llenado el mundo de diversidades de cosas que provienen de múltiples conocimientos de profesionales de distintas ramas académicas o culturales.*

En seguida la Madre Teresa agregó lo siguiente: ***"Enseñarás a vivir, pero no vivirán tu vida".*** *Absolutamente real. Por todo lo anteriormente explicado nuestros hijos viven sus propias vidas; y así debe ser. Ese es un derecho de toda persona, el cual está contemplado en la Declaración Universal de los Derechos Humanos. Su primer artículo dice:* ***"Todos los humanos nacen libren e iguales en dignidad y derecho".*** *Mientras el número tres expresa:* ***"Todo individuo tiene derecho a la vida, libertad y seguridad de su persona".*** *Prontamente después de la Madre Teresa presentar tres puntos categóricos que comprometen las relaciones entre padres e hijos, esta monja expuso la base primordial de su pensamiento. Un enunciado infalible que establece y*

155

destaca la labor de los padres hacia sus hijos. La Madre Teresa dijo: **Sin embargo, en cada vuelo, en cada sueño y en cada vida, quedará para siempre la huella del camino enseñado".**

*¡Qué verdad tan absoluta! Una frase verdaderamente concluyente. Esa última frase destaca la educación, la cual es la base del comportamiento de cada individuo. Amigos lectores, estamos hablando de los Principios Fundamentales de Conducta que enseñamos a los hijos en nuestros hogares. Estos no sólo los ayudan en su relación con sus familiares y amigos también, en su correspondencia social. Ellos aprenden a vivir civilizadamente. Es nuestra comunicación, dedicación y cuidado diario los que lentamente, pero de manera firme, se van arraigando en los niños. Porque, así como cada día es un nuevo despertar, en cada uno de ellos siempre les enseñamos algo distinto (**cada vuelo**). Luego, en cada enseñanza nuestra, ellos aprenden a formar sus propias ideas (**cada sueño**). Por tanto, durante su niñez, y luego en su adultez, cada uno mostrará en sus decisiones y acciones* **"la huella del camino enseñado".**

Porque más que los conocimientos adquiridos en la escuela son las enseñanzas del hogar las que permanecen en nosotros para siempre.

Mensaje bíblico: *«1 Corintios 12:26:* **"Si un miembro padece, todos los miembros se duelen de él, y sí un miembro recibe honra, todos los miembros con él se gozan"».**

35) «*IR DE CAPA CAÍDA*».

Categoría: *Refrán histórico.*

Se refiere: *a padecer por algún problema moral o material.*

Significado: *Este es un dicho antiguo; una frase que indica el sufrimiento de alguien. "Ir de capa caída" aplica a la persona decaída o afligida, quien está afectada por algún problema moral o físico. En sus orígenes, este dicho se refería a quien había sido vencido en una batalla o competencia. Luego, la tristeza de su derrota se manifestaba en su estado de ánimo, reflejando su frustración. Por tal motivo esa persona lucía apenada. Generalmente, este refrán está dirigido a la gente que por cualquier motivo fracasa en un aspecto de su vida, y eso afecta su estado anímico.*

La relación que establece este dicho con la aflicción de una persona pudo ser por lo siguiente: en siglos pasados algunos señores vestían capas sobre sus ropas; pero cuando ellos estaban enfermos o tristes caminaban con la cabeza baja, pasos lentos y sus capas les caían algo descolgadas. De igual forma, esta corta frase pudo muy bien estar dirigida a los toreros. Algunos de ellos al terminar su toreada y haber sido vencidos por el toro, salen del terreno frustrados, tristes y cabizbajos. Actualmente, "Ir de capa caída" se refiere a quien está atravesando por un difícil problema, una gran tristeza o una desilusión.

Moraleja: *Es difícil ocultar las tristezas que golpean el alma. Los problemas, con sus atmosferas de desalientos nos hacen sentir mal espiritualmente, abrigando en nosotros el desánimo, falta de energía o vigor. Afortunadamente, todo pasa y la luz vuelve a reinar sobre la oscuridad.*

Reflexión: *Si piensas y sientes que eres un fracasado, nunca obtendrás un éxito. Despójate de esos pensamientos y sentimientos sombríos y decide que tu frente siempre esté erguida mirando hacia las alturas.*

Comentario histórico: *Julio Casares Sánchez (1877-1964), filosofo, lexicógrafo y crítico literario español; en su libro "Introducción a la Lexicografía Moderna" Madrid 1950, él habló sobre la expresión "capa caída". Él explicó que esta guarda cierta relación con el modismo francés "Chape Chute" del siglo XII; este significa "algo provechoso". No obstante, en el siglo XVII este concepto cambió a "chercher Chape chute"; una expresión similar a "buscar su mala ventura".*

Mensaje bíblico: *«Nehemías 8:10: **"...no os entristezcáis, porque el gozo de Jehová es vuestra fuerza"».***

36) «LA LENGUA ES EL CASTIGO DEL CUERPO».

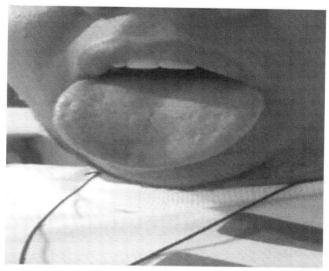

Lengua. Foto: N.C.

Categoría: *Refrán popular/Proverbio.*

Se refiere: *a las palabras.*

Significado: "La lengua es el castigo del cuerpo"; *es un proverbio que afirma lo siguiente: las palabras hirientes se devuelven contra las mismas personas que las pronuncian, enfermando sus cuerpos. En ese sentido, todos sabemos que la lengua es un órgano vocal del organismo humano. Este es el encargado de la articulación y emisión de las palabras; pero su vocabulario puede ser bueno o malo; todo depende de su expresión e intención.*

Esta locución significa: cuando la gente expresa frases que manifiestan odio, rencor, envidia, egoísmo o deseos de venganzas; el propósito de sus palabras se les devuelve en enfermedades o problemas. Ambos aspectos son perjudiciales al hombre. Mientras las dificultades ocasionan a las personas angustias y sufrimientos; las enfermedades causan padecimientos físicos, y hasta la muerte.

Moraleja: *Las palabras negativas contienen su propia aureola de maldad. Ellas envuelven a sus dueños, y su contenido literal se convierte en la causa principal de generación dañina que compromete su salud.*

Reflexión: *Que tus palabras sean bálsamo para los oídos que te escuchen; y nunca sean punzantes que hieran sus almas. Diles a las personas que sufren palabras de aliento o no le digas nada, déjalas seguir; pero no las lastimes deliberadamente causándoles más sufrimientos.*

Cita relacionada al dicho:

"En la lengua consisten los mayores daños de la vida humana".

Miguel de Cervantes
(1547-1616)

*Miguel de Cervantes (1547-1616), escritor español dijo: **"En la lengua consisten los mayores daños de la vida humana"**. Este pensamiento de Cervantes se refiere a la comunicación negativa. Las palabras inapropiadas pueden lastimar moralmente a algunos o propinar daños irreparables a otros. Las palabras mal intencionadas son como cuchillos afilados, cuando estas son lanzadas hacia un rival lo pueden herir a* muerte. Asimismo, son los mensajes nocivos, estos pueden causar intensos perjuicios al alma de una persona.

Mensaje bíblico: «*Jesús dijo:* **"Por tus palabras serás condenado, y por tus palabras serás justificado"**».

37) «LA MONA AUNQUE SE VISTA DE SEDA, MONA SE QUEDA».

Chimpancé
Obra de: Lorenz Oken, 1816

Categoría: *Refrán antiguo y famoso.*

Se refiere: *a la apariencia física de una persona.*

Significado: *"La mona aunque se vista de seda, mona se queda" es un refrán antiguo y famoso de origen Latinoamericano. En los últimos tiempos, esta expresión* *ha traspasado fronteras y mares, escuchándose en algunos países de Europa y en programas televisivos de Turquía. Evidentemente, esta frase contiene un enfoque discriminatorio. La verdadera intención de este refrán es restarle valor o importancia a alguien, destacando su deslucida figura; aún sea de manera alegórica.*

La primera parte de este refrán dice: **"La mona aunque se vista de seda"**. *De modo figurado esta frase alude a la apariencia física de alguien en especial. Se trata de quien no ha sido agraciado por la naturaleza, y de acuerdo a los estándares establecidos por los seres humanos, esa persona es fea y nada la va hacer lucir bien o mejor. Por lo visto, este dicho insinúa lo siguiente, aunque esa persona se encuentre rodeada de lujos, vistiendo ropa costosa o conduciendo un auto último modelo, su aspecto corporal no va a cambiar.*

De hecho, todos los humanos nacemos con una apariencia física que nos caracteriza y distingue a unos de otros. Pero esta locución que estamos analizando se refiere a alguien en particular, una persona fea; tanto así, que se le compara con una "mona" (un chimpancé). De inmediato, la segunda parte del refrán remata su intención agregando: **"Mona se queda"**; *una conclusión definitiva. La misma recalca que esa persona va a mantener esa fealdad durante toda su vida, sin importar de quien se trate; porque ni su ocupación o prestigio social, la ayudará a cambiar su aspecto personal.*

Moraleja: *El valor de un ser humano no se mide por su apariencia personal, sino por su transparencia espiritual.*

Reflexión: *Lo más importante no es como lucimos, sino como pensamos, sentimos, comunicamos y nos comportamos, dentro y fuera de la sociedad. El ser superior no lo representa un hombre con atributos físicos; tampoco, quien tiene dinero, sino aquel que posee valores morales e inteligencia.*

Cita relacionada al dicho:

"La belleza del rostro es frágil, una flor pasajera; pero la belleza del alma es firme y segura".

Moliere
(1622-1673)

*Moliere (1622-1673), escritor, dramaturgo y actor francés dijo: **"La belleza del rostro es frágil, una flor pasajera; pero la belleza del alma es firme y segura"**. Esta frase axiomática de Moliere nos habla de la belleza externa e interna del ser humano. Este escritor comparó un bello rostro con un espíritu bondadoso. Moliere estableció* lo siguiente: ***"La belleza del rostro es frágil, una flor pasajera".*** *Esta primera parte de su expresión significa: la belleza del rostro es material, débil y temporal.*

*Un accidente puede estropear o debilitar una cara hermosa. Asimismo, el pasar del tiempo la transforma poco a poco y su esplendor va desapareciendo, dándole paso a la vejez. De inmediato Moliere agregó: **"Pero la belleza del alma es firme y segura".** La belleza del alma no es material, pero sí inmortal, como la esencia misma del ser humano. Como dijo este escritor, esa belleza es: **"firme y segura".** Además de su alto contenido espiritual, "la belleza del alma" no envejece, ni muere.*

La belleza física es material, débil y temporal. Mientras, la belleza del alma no es material, pero sí inmortal, como la esencia misma del ser humano. Además de su alto contenido espiritual, "la belleza del alma" no envejece, ni muere.

Mensaje bíblico: *«San Juan 7:24: **"No juzguéis según las apariencias, sino juzgad con justo juicio"».***

38) «LA OVEJA MANSA SE TOMA SU LECHE Y LA AJENA».

Oveja mansa

Categoría: *Refrán antiguo y famoso.*

Se refiere: *a la conducta o comportamiento.*

Significado: *Este es un refrán popular concerniente a la conducta. Significa: cuando las personas son dóciles o educadas son más favorecidas, que quienes presentan un* *mal carácter o comportamiento. Para su explicación vamos a dividir esta frase en dos partes. La primera dice:* **"La oveja mansa"**, *refiriéndose a quien inspira confianza y paz.*

Mientras tanto, **"se toma su leche y la ajena"** *se traduce a lo siguiente: una persona sosegada obtiene muchos beneficios. Su buena conducta la favorece en todos los aspectos de su vida. Desde obtener el respeto de todos a nivel personal, hasta las más altas atenciones o deferencias a nivel social. Todo eso lo gana, debido a su carácter y buen proceder.*

Moraleja: *Una buena conducta es un pasaje de entrada a los círculos sociales. Esta, además de ganar apreciación obtiene prestigio.*

Reflexión: *Nunca permitas que tu parte animal grite más alto que tu inteligencia.*

Cita relacionada al dicho:

"La sabiduría del cauto es atender a su conducta, la necedad de los tontos es engaño".
Proverbio 14:8.

Salomón
(988 a C.-928 a C.)

"La sabiduría del cauto es atender a su conducta, la necedad de los tontos es engaño". *Este proverbio de Salomón significa: la conducta del hombre prudente siempre va a estar de acuerdo a su razonamiento. Entretanto, las tonterías de los bobos carecen de importancia, y por ese motivo se desvanecen, por falta de entendimiento.*

Mensaje bíblico: *«Jesús dijo: "Tal como piensa el hombre en su corazón, así es él"».*

39) «*LA PRÁCTICA HACE LA PERFECCIÓN*».

Categoría: *Refrán popular.*

Se refiere: *a las cosas que ejercitamos repetidamente para adquirir destreza.*

Significado: "La práctica hace la perfección" *es un dicho originario de Estados Unidos de América; en el idioma inglés es como sigue:* **"Practice makes perfect".** *Su contenido gramatical sugiere esto: cuánto más practiquemos alguna cosa, más la perfeccionaremos. De manera que cualquier actividad, ya sea una profesión, un oficio o algún deporte sobre el cual queremos dedicarnos, debemos practicarlo habitualmente; y esa práctica nos ayudará a adquirir destreza.*

Moraleja: *Indudablemente, aquello que mucho se practica se perfecciona.*

Reflexión: *La práctica la obtenemos a través de la perseverancia, y esta nos conduce hacia la perfección.*

Cita relacionada al dicho:

"La única recompensa de la virtud es la virtud".

Ralph Waldo Emerson

(1803-1882)

Ralph Waldo Emerson (1803-1882), escritor, filósofo y poeta estadounidense dijo: **"La única recompensa de la virtud es la virtud"**. *Esta frase de Emerson concierne a los principios morales, y significa, que la virtud es irremplazable. Emerson inició su frase así:* **"La única recompensa de la virtud"**, *refiriéndose a un premio o distinción* *a la persona íntegra. En seguida, él conectó su idea señalando, que una virtud sólo puede ser retribuida con otra* **"virtud"**. *En ese sentido, una vida decente o cualquier actividad que desarrollemos con actitud justa u honesta podemos considerarla una labor ejemplar o virtuosa.*

Mensaje bíblico: «*Prov. 4:18:* **"Más la senda de los justos es como la luz de la aurora, que va en aumento hasta que el día es perfecto"**».

40) «LAS COSAS CLARAS Y EL CHOCOLATE ESPESO».

Chocolate casero/Foto de N.C.

Categoría: *Refrán antiguo y proverbial.*

Se refiere: *a mantener la claridad en todos los asuntos.*

Significado: *Este refrán se refiere a mantener cierta claridad en los asuntos personales o de negocios. La frase comienza así:* **"Las cosas claras"**; *indicando la transparencia que debe existir en las relaciones humanas. Significa: entre familiares, relaciones íntimas y amigos debe manifestarse sinceridad.*

En cuanto a los negocios: todas las transacciones comerciales deben establecerse con absoluta claridad. Eso quiere decir lo siguiente: todos los integrantes de un negocio deben tener pleno conocimiento de las operaciones que se realizan en el mismo. Mientras tanto, **"el chocolate espeso"** es equivalente a la seguridad o estabilidad que deben conservar las personas en sus relaciones con los demás, tanto a nivel personal como comercial.

Moraleja: *Cuando existe claridad, los conflictos no tienen cabida. Los lazos de sinceridad unen a las personas creando alianzas indestructibles.*

Reflexión: *Existen falsedades sobre las cuales, la autenticidad misma se puede debilitar.*

Comentario histórico: *"Las cosas claras, y el chocolate espeso" es un refrán de origen español. De acuerdo a la historia del mismo este surgió, cuando el monje español Fray Aguilar estuvo en América. Él envió plantas de Cacao al Monasterio de Piedra en España, al cual él pertenecía, para que sus compañeros conocieran ese grano. No obstante, a ellos no les gustó esa semilla debido a su sabor amargo. Posteriormente, las monjas del Convento conocido como Guajaca, le añadieron azúcar al fruto; por esa sencilla innovación, este producto fue conocido en toda Europa. De ahí surgió el sabroso chocolate.*

Sin embargo, mientras algunos consideraban que el chocolate debía beberse claro y diluido en leche, al estilo francés o a la francesa; otros consideraban que era mejor espeso, al modo español o a la española. Definitivamente prevaleció la segunda opción, la forma espesa. De ese modo surgió la frase "las cosas claras y el chocolate espeso". Esta frase se expresa, cuando alguien en un momento de confusión desea aclarar y establecer toda la validez y firmeza de un asunto determinado; sobre todo, eso se hace para evitar que surjan posteriores conflictos.

Existen quienes sustituyen la palabra "cosas" por "cuentas" y formulan el refrán de la siguiente forma: "Las cuentas claras y el chocolate espeso", pero esta sustitución no cambia su original significado. Esta expresión de manera contundente establece lo siguiente: todo lo creado tiene un origen, una concepción o un perfil determinado, que merece ser tratado con respeto.

Cita relacionada al dicho:

"Así como nada es más hermoso que conocer la verdad, nada es más vergonzoso que aprobar la mentira y tomarla por verdad".

Marco Tulio Cicerón

(106 a.C.- 43 a. C.)

Marcos Tulio Cicerón (107 a. C.-43 a. C); abogado, filosofo y político romano dijo: **"Así como nada es más hermoso que conocer la verdad, nada es más vergonzoso que aprobar la mentira y tomarla por verdad".** *Cicerón escribió en este pensamiento* *sobre lo hermoso de la verdad y lo vergonzoso de la mentira. En el primer segmento de su idea él expresó:* **"Así como nada es más hermoso que conocer la verdad"**.

En esta primera pieza de su reflexión, este literato estaba haciendo referencia a la excelencia de la verdad, presentada a través de la autenticidad de las cosas existentes. Prontamente Cicerón añadió a su idea esto: **"Nada es más vergonzoso que aprobar la mentira y tomarla por verdad"**. *Para entender mejor ese último segmento de su nota es bueno explicar sobre la forma de ser de Cicerón. Él fue reconocido por sus sentimientos humanistas, reflejados en sus diversos escritos.*

Cicerón también, fue defensor del sistema republicano de su tiempo y un firme combatiente del sistema de gobierno del dictador romano Cayo Julio Cesar (100 a. C.- 44 a. C.). Es por su concepto sobre la moralidad que en esa última sección de su cita Cicerón reprobó la mentira. Todavía más, él significó que era deshonroso para cualquier persona aprobar una falsedad; peor aún, establecerla como verdad. Una actitud propia de individuos inmorales e inhumanos. Ellos son la vergüenza de la raza humana.

Mensaje bíblico: *«Salmo 73:25:* **"¿A quién tengo yo en los cielos? Y fuera de ti nada deseo en la tierra. Mi carne, mi corazón y mi porción es de Dios para siempre"***».*

41) «LO AGARRARON DE CHIVO EXPIATORIO».

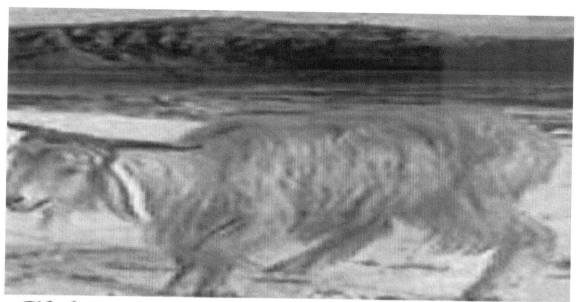

Chivo expiatorio de: William Holman Hunt

Categoría: *Refrán antiguo y proverbial.*

Se refiere: *a tomar a alguien para acusarlo de un delito que no cometió.*

Significado: *Este refrán es histórico e indica una mala acción. En la actualidad, tal como en tiempos anteriores, esta frase se refiere a culpar a una persona de un delito que ella no cometió. De acuerdo a la Real Academia de la Lengua Española "expiar" quiere decir, sufrir o purgar un castigo por un delito o falta cometida. De esa manera* **"Lo agarraron de chivo expiatorio"** *significa, que tomaron a alguien para atribuirle un delito o incriminarlo en el mismo. Partiendo del léxico de la primera parte de este* *refrán, la cual indica: "Lo agarraron"; esta frase concierne a un hombre que fue tomado a la fuerza, indiscriminadamente.*

Moraleja: *La injusticia ha existido en todos los tiempos. Culpar a un ser humano de un delito que él no cometió significa, humillarlo y destruirlo moralmente; porque su dignidad y auto estima se devastan frente a la impotencia de no poder defender y demostrar su inocencia. Pero el malvado, tarde o temprano pagará por su delito.*

Reflexión: *La crueldad no tiene límites.*

Comentario histórico: *"Expiatorius" viene de una palabra griega, la cual significa: "antes de venerar". Esta expresión se originó en un pueblo de la actual ciudad de Israel, debido a sus antiguos rituales religiosos. Estos se efectuaban en la festividad más importante del año, el "Día de la Expiación", dedicado a la purificación del pecado. Ese acto se realizaba en el tabernáculo (un santuario móvil construido por los israelitas).*

*Este rito consistía en tomar dos chivos (machos cabríos). Luego, se elegía a uno de ellos para ofrecerlo a **"Yaveh"** (Dios). Este era sacrificado por un sacerdote durante la celebración. Aclarando en esta nota lo siguiente: el nombre Yaveh es de origen Hebreo, y aparece así en el Viejo Testamento. Este nombre era también utilizado en las Biblias de la Lengua Española para referirse a Dios y para diferenciarlo de la religión judío-cristiana.*

Entretanto el otro chivo era el "chivo expiatorio". A este se le atribuían las culpas del pueblo Judío y se entregaba al demonio llamado Azazel. Ese nombre significa, "Cabra de Emisario" o "Chivo Expiatorio". Además de este animal ser entregado a ese demonio, era insultado, apedreado y abandonado en medio del desierto. Explicando, de acuerdo al libro de Enoch, Azazel o Hazazel fue el líder de un grupo de "Ángeles Caídos".

Este líder, Azazel, le enseño a los humanos a vivir entre las ignominias de este mundo. A los hombres a construir armas de guerra y a las mujeres magia negra. Debido a su mal proceder, Dios decidió destruir toda vida en el Planeta Tierra por medio del Diluvio Universal. Por otro lado, un chivo expiatorio es además conocido como Cabeza de Turco. Su significado es el mismo, inculpar a alguien injustamente atribuyéndole un delito que no cometió.

Levítico 16:8 enuncia: *"Y echará suerte Aarón los dos machos cabríos; una por Jehová y otra por Azazel"*.

Levítico 16:10 dice: *"El que hubiere llevado el macho cabrío a Azazel, lo presentará vivo delante de Jehová, para hacer la reconciliación sobre él y enviarlo a Azazel al desierto"*.

Levítico 16:26 presenta: *"El que hubiere llevado el macho cabrío a Azazel lavará sus vestidos, también lavará con agua su cuerpo, y después, entrará en el campamento"*.

"La maldad no necesita razones; le basta un pretexto".

Johann Wolfgang Von Goethe
(1749-1832)

a) Johann Wolfgang Von Goethe (1749-1832); poeta, novelista, dramaturgo alemán dijo: ***"La maldad no necesita razones; le basta con un pretexto"****. Este famoso escritor, Von Goethe expresó en esta cita la amenaza firme y constante, que contiene la malignidad. Von Goethe empezó su idea así:* ***"La maldad no***

180

necesita razones"; de manera tácita, él indicó en esa frase, que las cosas malas están siempre latentes, vivas, coexistiendo, entre todos nosotros.

"No necesita razones" ratifica lo antes expresado: la maldad existe, ella está ahí esperando la oportunidad para dejarse sentir y manifestarse. Después de decir eso, Von Goethe agregó: *"Le basta con un pretexto".* Esta última locución confirma, por qué surgen grandes problemas de nimiedades. La maldad se encarga de agrandar esas insignificancias. Esa es su naturaleza. La razón de su existencia es originar o provocar males.

Mensaje bíblico: «*Prov. 12:3-5: "El que hace el mal no está nunca seguro; el Justo, en cambio está bien arraigado. Los Justos tratan de hacer el bien; pero los proyectos de los Malos no son más que engaños"*».

42) «*LOS PAJAROS LE TIRAN A LA ESCOPETA*».

Ánsares Nivales
Foto: Walter Siegmund

Categoría: *Refrán popular.*

Se refiere: *al respeto.*

Significado: "Los pájaros le tiran a la escopeta" *es un refrán de origen cubano. Este se expresa cuando ocurren faltas de respeto de hijos a padres. De la misma forma se emplea esta frase, cuando alguien muestra una actitud inapropiada con un* jefe, que sobrepasa los límites de consideración y respeto que merecen los superiores en mando o categoría.

Moraleja: *El respeto llama al respeto. Si respetas serás respetado, si humillas serás humillado,…. "Con la misma vara que tú midas, te medirán a ti". Mateo 7:2*

Reflexión: *El respeto a Dios, la religión y a uno mismo son los mejores aliados de la integridad humana y los enemigos de la deshonestidad y todos los vicios.*

Comentario histórico: *"***Los pájaros tirándole a la escopeta***" es un refrán del 1984. Este surgió después del estreno de la película cubana que lleva este mismo nombre. El film fue dirigido por Ronaldo Díaz (1947); director de cine y guionista cubano. Se encuentra dentro de la categoría de ficción. Luego de esta presentación nació este refrán, a nivel poblacional. Una frase que desde entonces es expresada, cuando se observa falta de respeto de hijos a padres o subalternos a jefes*

.

Cita relacionada al dicho:

"Siempre es más valioso tener el respeto de las personas, que su admiración".

Jean Jacques Rousseau
(1712-1778)

Jean Jacques Rousseau (1712-1778); escritor, polímata, músico, filosofo, botánico y naturalista suizo dijo: **"Siempre es más valioso tener el respeto de las personas, que su admiración".** *El significado de esta reflexión de Rousseau es el siguiente: el respeto es más valioso que la admiración. El respeto honra al hombre; en cambio, la admiración es vana y pasajera.*

Mensaje bíblico: *«Efesios 6:4:* **"Padres, no provoquéis la ira en vuestros hijos, sino criadlos en disciplina y armonización del Señor"**».

43) «MATARON LA GALLINA DE LOS HUEVOS DE ORO».

Gallina
Raza: Orpington dorada

Categoría: *Refrán proverbial.*

Se refiere: *a la ambición.*

Significado: "**Mataron la gallina de los huevos de oro**" *es un refrán significativo. Mediante esta simple expresión una persona podría mostrar sorpresa o desilusión, dependiendo del momento que ella esté viviendo. El enunciado de esta frase indica, hasta dónde puede llegar la ambición desmedida de un ser humano. Esta podría* incluso, inducir a algunos individuos a cometer errores irreparables. Este refrán consiste en lo siguiente: una persona por ambición podría exterminar alguna cosa valiosa, pensando que esa destrucción le traería grandiosos beneficios. No obstante, esa pérdida iría en perjuicio de ella misma.

La frase se emplea también, cuando una persona en un instante de coraje destruye algún objeto de valor; y luego, no existe una mínima posibilidad que permita su reparación.

Moraleja: *Cuando tenemos la conciencia para reconocer el valor monetario o significativo de alguna cosa, debemos cuidarla tomando las providencias necesarias que prolongar su vida útil. De esa forma disfrutaremos de sus beneficios, no por periodos de tiempo limitados, posiblemente, por el resto de nuestras vidas.*

Reflexión: *La avaricia es como un león hambriento, hasta que no sacia su hambre lo devora todo.*

Comentario histórico: *Este refrán:* **"Mataron la gallina de los huevos de oro"** *está basado en un cuento para niños producido por Félix María Samaniego, quien nació en la Guardia, Álava, España, el 12 de octubre de 1745 y murió en el año 1801. A continuación veremos su narración:*

« Erase un Labrador muy pobre, el más pobre de toda la aldea. Un día mientras trabajaba se le apareció un enanito y le dijo: "buen hombre he oído tus lamentaciones y voy a hacer que tu suerte cambie", y le entregó una maravillosa Gallina que ponía todos los días un huevo de oro.

Este hombre poco a poco se convirtió en el más rico de la comarca. Sin embargo, una insensata avaricia se apresó de su corazón y él pensó: "¿Por qué esperar cada día que la gallina ponga un huevo? Mejor la mato y descubriré la mina de oro que lleva dentro". Así lo hizo, pero en el interior de la gallina él no encontró ninguna mina. A causa de la avaricia desmedida de este tonto aldeano, se malogró su interminable fortuna »

Cita relacionada al dicho:

"La ambición jamás se detiene, ni siquiera en la cima de la grandeza".

Napoleón Bonaparte

(1769-1821)

*Napoleón Bonaparte (1769-1821); militar y leader francés dijo: **"La ambición jamás se detiene, ni siquiera en la cima de la grandeza"**. Este adagio de Bonaparte indica, que la ambición es desmedida. Primero él expresó: **"La ambición jamás se detiene"**. Esta frase representa la avaricia de ciertas personas, quienes sienten una enfermiza necesidad de acumular dinero.*

Luego, Bonaparte refiriéndose a los deseos codiciosos subrayó, estos no se detienen *"ni siquiera en la cima de la grandeza"*. En esta sección de su nota, Bonaparte estaba significando: que la codicia es continua y progresiva, sin límites. Incluso, si un ambicioso se convirtiera en el ser más rico y/o poderoso de la tierra; este nunca saciaría su sed de adquirir más y más fortuna.

Mensaje bíblico: «*Hebreos 13:5:* **"Sean vuestras costumbres sin avaricia, contentos con lo que tenéis ahora"**».

44) «*MÁS VALE ESTAR SOLO, QUE MAL ACOMPAÑADO*».

Categoría: *Refrán/Frase antigua y famosa.*

Se refiere: *a las malas relaciones: sentimentales o amistosas.*

Significado: *Este refrán expresa una gran verdad. En su primer segmento dice:* **"Más vale estar solo"**, *mostrando el valor de la soledad, la cual proporciona cierta paz a las personas; a la vez que le ofrece cierta estabilidad emocional. En los duros momentos, el aislamiento es conveniente, porque este le concede un espacio a la reflexión. Pero después, el vocabulario de este refrán completa su enunciado así:* **"Que mal acompañado"**.

Esa fracción del refrán significa: una persona de mala conducta o reputación, en vez de beneficiar a otra u otros, los perjudica. Este refrán está dirigido a la gente que representa una mala influencia para los buenos ciudadanos. Asimismo, esta misma locución alude a las reuniones con quienes son un martirio para el espíritu. Este es el tipo de personas atormentadas, malhumoradas o impertinentes. Opuestamente al tormento que despliegan esas anteriores personas, las relaciones humanas con gente tranquila, generosa u honesta son de confort para el alma.

Moraleja: *Es preferible estar solo que en compañía de personas desagradables o de mala reputación o intención.*

Reflexión: *La mejor compañía es la que nos brinda nuestro Señor, el creador de todo lo existente.*

George Washington

(1732-1799)

Comentario histórico: *La frase **"Más vale estar solo que mal acompañado"** fue expresada por George Washington (1732-1799); primer presidente de los Estados Unidos de América. El enunciado completo es como sigue: **"Si en algo estimas tu reputación, procura que tus compañeros sean personas distinguidas, pues vale más estar solo que mal acompañado"**. Fue debido a esta expresión de Washington que* *surgió el refrán mostrado arriba. La gente de ese tiempo (1700s), acortó su frase. Ellas únicamente tomaron la última parte de la misma, un segmento que rápidamente se convirtió en un refrán popular.*

*En tanto, la primera pieza de su locución dice: **"Si en algo estimas tu reputación"**; esta expresión concierne a la imagen de alguien, la cual se relaciona a su dignidad. Luego este ilustre hombre añadió: **"Procura que tus compañeros sean personas distinguidas"**. Esta frase sugiere, que nuestros amigos sean individuos ilustres, honestos o virtuosos. Para finalizar Washington expuso el porqué de su sugerencia, él expresó: **"Pues vale más estar solo que mal acompañado"**. Su conclusión fue definitiva. Esta nos presenta dos escenarios: primero estar solo; un indicador de paz y reserva. Este aspecto nos favorece de manera física y espiritual.*

Mientras el otro contexto presenta la mala compañía. En otras palabras: perjuicio y deshonor. El mensaje de Washington fue muy claro. Porque la reunión con personas de mala reputación o conducta, en lugar de beneficiarnos nos puede perjudicar.

Cita relacionada al dicho:

"Solía pensar que la peor cosa de la vida era terminar solo. No lo es. La peor cosa de la vida es terminar con alguien que te hace sentir solo".

Robín Williams
(1951-2014)

Robín Williams (1951-2014); actor y comediante estadounidense dijo sobre la soledad lo siguiente: **"Solía pensar que la peor cosa de la vida era terminar solo. No lo es. La peor cosa de la vida es terminar con alguien que te hace sentir solo".** *De* manera alegórica Williams destacó mediante esta reflexión los conflictos conyugales. Él se refirió específicamente, a la indiferencia de uno de los cónyuges hacia el otro.

En la primera parte Williams expuso lo siguiente: **"Solía pensar que la peor cosa de la vida era terminar solo"**. Cabe explicar que cuando este actor utilizó la palabra terminar, él se estaba refiriendo a la vejez, la última etapa de la vida del ser humano; y también a la muerte. Pues es en el envejecimiento cuando más una persona necesita la compañía de su pareja, para compartir buenos y malos momentos. En seguida Williams añadió: **"No lo es"**, negando rotundamente ese pensamiento, y sobre todo, reconociendo su error.

Luego, él amplió su comentario y presentó una determinante concepción de este tema; entonces Williams expuso: **"La peor cosa de la vida es terminar con alguien que te hace sentir solo"**. En esta última parte de su comentario él hizo alusión a la indiferencia. Esa es una forma despectiva de alguien mostrarle desinterés a una persona en particular. Porque **"alguien que te hace sentir solo"** es quien te manifiesta indiferencia o desamor. Un ser que no le interesa la compañía de su actual esposo o esposa, ni lo que este o esta piense o le pueda ocurrir.

De acuerdo a esa reflexión de Williams, esa es la peor cosa que le puede suceder a un ser humano, terminar al lado de alguien que le muestra una indiferencia absoluta, a tal punto, que lo hace sentir absolutamente solo.

Mensaje bíblico: «*Mateo 7:16: **"Por sus frutos los conoceréis"**»*.

45) «*MÁS VALE UN VIEJO CONOCIDO, QUE UN NUEVO POR CONOCER*».

Representación de dos amigos
Obra de: Pontormo; 1522

Categoría: *Refrán/Máxima famosa.*

Se refiere: *a las precauciones.*

Significado: **"Más vale un viejo conocido, que un nuevo por conocer"** *es un refrán que literalmente explica su mensaje.* **"Más vale un viejo conocido"** *incluye a* las personas que conocemos hace algún tiempo. De ellos sabemos sus procedencias, ocupaciones, caracteres, pasatiempos; en fin, sabemos todo sobre sus vidas. En cambio, **"un nuevo por conocer"** simboliza la imagen de gente que estamos tratando ahora, pero a quienes aún no conocemos. Estas pueden ser personas buenas o malas; ¡simplemente, no lo sabemos!

Moraleja: *Definitivamente, todos debemos darles a nuestros viejos amigos la mayor importancia. Aunque podemos conocer nuevas personas y ampliar nuestros círculos de amistades; pero, está en nosotros saber escoger a nuevos amigos.*

Reflexión: *Debemos estar atentos al escuchar y precavidos al hablar, hasta conocer bien a nuestros nuevos amigos.*

Cita relacionada al dicho:

"Cada amigo que ganamos en la carrera de la vida nos perfecciona y enriquece; aún más, por lo que de nosotros mismos se descubre, que por lo que él mismo nos da".

Miguel de Unamuno

(1864-1936)

Miguel de Unamuno (1864-1936); escritor y filosofo español dijo: **"Cada amigo que ganamos en la carrera de la vida nos perfecciona y enriquece; aún más, por lo que de nosotros mismos se descubre, que por lo que él mismo nos da".** *De manera positiva, Unamuno nos transmitió mediante ese pensamiento, todos los beneficios que* obtenemos de cada uno de nuestros amigos. Primero él expresó: **"Cada amigo que ganamos en la carrera de la vida nos perfecciona y enriquece"**. *Eso significa: que de cada uno de nuestros amigos obtenemos un enfoque nuevo, que amplia nuestra visión de la vida, aumentando nuestro saber y engrandeciéndonos de una forma u otra.*

Cuando compartimos con nuestros amigos, ellos nos abren las puertas de sus pequeños mundos. De ese modo, ellos nos hacen participes de sus conocimientos y preferencias; así conocemos y aprendemos de sus ideas, costumbres y experiencias, las cuales nos ayudan de forma notable. De las buenas aprendemos, que no todo es malo en la vida; y de las malas, a no cometer los mismos errores que ellos. Además, detrás de sus perfiles están sus deseos y problemas. Estos últimos los captamos y traemos a nuestras vidas de manera consciente o inconsciente, como indicó Unamuno en esta reflexión, sin darnos cuenta toda esa información **"nos perfecciona y enriquece"**, *de una forma u otra.*

Después de una breve pausa, este escritor continuó diciendo: **"Aún más, por lo que de nosotros mismos se descubre"**. *Eso quiere decir: los distintos estilos de vidas de nuestros amigos nos ayudan de manera racional, consciente y empírica. Porque sus vivencias despiertan en nosotros no sólo sentimientos también, ideas desconocidas por nosotros. Luego, en términos positivos, esas experiencias nos hacen reflexionar y cambiar de actitud. Posterior a esa observación Williams añadió:* **"Que por lo que él mismo nos da"**. *En términos objetivos, el afecto de un amigo es muy significativo; pero aún más lo es, el valor de la amistad misma.*

Ese valor radica en las cosas positivas que los vínculos amistosos aportan a nuestras existencias. Desde las valiosas compañías de nuestros amigos, sus ayudas espirituales y consejos, hasta la más mínima cosa que aprendemos de cada una de nuestras relaciones amistosas. Indiscutiblemente, un verdadero amigo es una joya invaluable.

Mensaje bíblico: *«Prov. 17:17: **"En todo tiempo ama al amigo, y es como un hermano en tiempo de angustia"**».*

46) «*MÁS VIEJO QUE MATUSALÉN*».

Categoría: *Refrán antiguo y famoso.*

Se refiere: *al tiempo de vida de una persona.*

Significado: "Más viejo que Matusalén" *es un refrán concerniente a la gente de avanzada edad. Partiendo de su vocabulario, el cual está elaborado de modo singular, este señala a alguien en específico. Por tanto significa: una persona ha* *logrado algo valioso e inusual, vivir largo tiempo en este planeta tierra. Desde que las enfermedades y accidentes abundan cada vez más, matando a muchos humanos. Sin embargo, desde tiempos antiguos esta expresión es usada para referirse a algún anciano. Asimismo, cuando alguien quiere dar a entender que una persona es muy vieja, sin necesidad de especificar su edad.*

Moraleja: *Larga vida es sinónimo de buena salud; pero también de prudencia y sabiduría. Por esa razón es conveniente cuidar nuestros hábitos alimenticios; así como nuestro juicio, anteponiendo nuestros conocimientos a nuestras debilidades humanas.*

Reflexión: *La vejez es el triunfo que todo ser humano desea alcanzar. Un premio que se obtiene después de vencer enfermedades y obstáculos; sufrimientos y decepciones. Este es uno de los trofeos, el más importante, que se gana guerreando y venciendo, donde la vida misma está en constante riesgo. Sólo la Fe en Dios y nuestra buena conducta pueden ayudarnos a lograr, sino el alto galardón de la longevidad, otro que nos ofrezca la paz y armonía de nuestro diario vivir.*

Debido a que desde la juventud hasta la ancianidad tenemos que atravesar varias etapas, y dentro de ellas, hay muchas barreras que eliminar o dominar. Únicamente luchando y triunfando, no sólo las adversidades de la vida también, las debilidades humanas que nos conquistan y arrastran hacia el vacío, podremos entonces lograr la gran recompensa de nuestras buenas acciones, la longevidad.

Comentario histórico: *Adán fue el primer hombre sobre la tierra. Él tuvo un hijo llamado Enoch; este engendró varios hijos, entre ellos a Matusalén, quien vivió novecientos sesenta y nueve años (969 años). Fue padre de Noé, a quien procreó a sus 187 años (Génesis 5:15; 5:21; 5-27). De acuerdo al Viejo Testamento, Matusalén es la persona a quien se le ha registrado más tiempo de vida en la historia de la humanidad. Se presume que Matusalén murió el mismo año del Diluvio Universal.*

Por otra parte, científicamente fue analizada la duración de vida de esa época a través de una célula, y esta sugirió los límites de vida de los humanos de ese tiempo. Estos estuvieron por debajo de los 150 años. Aunque debemos considerar que en todos los casos siempre existen excepciones, sobre todo cuando se trata de personas y asuntos relacionados a la Fe o Religión, donde interviene la mano del Señor, nuestro Creador.

Sobre la longevidad y de acuerdo al record Guinness, en los últimos tiempos, las personas de más edades están, entre 112 y 122 años. No obstante, este texto sólo trata generalidades, no excepciones.

Mensaje bíblico: *«Prov. 16:31:* **"Corona de honra es la vejez que se halla en el camino de justicia"».**

47) «*NO BASTA SER BUENO, HAY QUE PARECERLO*».

Categoría: *Refrán/Adagio popular.*

Se refiere: *a la conducta de cada persona.*

Significado: "No basta ser bueno, hay que parecerlo" *es un refrán dirigido a la conducta de cada quien, la cual es un factor determinante de la evaluación personal. El proceder de las personas puede incluso cambiar, de modo positivo o negativo, la forma de pensar de la gente que las conoce. Un comportamiento apropiado genera opiniones positivas; pero generalmente, una mala actuación es un signo negativo que se convierte en una mancha difícil de eliminar.*

Básicamente, este dicho se aplica cuando las acciones de un ser humano indican falta de valores morales. En algunas ocasiones, el mal proceder de una persona contradice su instrucción académica. En todo caso, la gente debe mostrar buena actitud frente a los obstáculos. En este renglón encajan especialmente, las personas importantes de un país, quienes deben ser ejemplo de dignidad y respeto para los demás ciudadanos.

Una persona digna debe compaginar ambos, la educación obtenida en sus hogares con sus conocimientos o viceversa.

Moraleja: *Debemos mostrar nuestra educación a través de nuestra conducta. De ese modo podremos exteriorizar nuestro grado cultural y causar buena impresión a los demás; ese es un comportamiento digno de un ser superior. No debemos pecar de ingenuos; tampoco de astutos. Quienes nos observan saben a qué abstenerse o qué actitud tomar respecto a cada uno de nosotros o de las personas que los rodean. El respeto y consideración que podemos ganar de los demás va a depender de la actuación que presentemos en sociedad.*

Reflexión: *La conducta de una persona define su calidad humana, pero también su futuro.*

Cita relacionada al dicho:

"Recuerda que de la conducta de cada uno depende el destino de todos".

Alejandro Magno, "el Grande" (356 a. C.-323 a. C.)

*Alejandro Magno, "el Grande" (356 a. C.-323 a. C.); rey de Macedonia, líder militar, conquistador del imperio Persa dijo: **"Recuerda que de la conducta de cada uno depende el destino de todos"**. Alejandro Magno expresó esta frase en calidad de líder político a sus subalternos. Sin embargo, esa observación aplicaba también a* *todos sus ciudadanos. Entre otros argumentos que incluyen la conducta de una persona, en este contexto es muy posible que Magno se estuviera refiriendo a la traición.*

Partiendo de sus subordinados, quienes debían mantener su patriotismo mostrando una actitud firme en el campo de batalla. Pero si a uno de ellos le fallaba sus ideales o no tuviera presente sus propósitos en el preciso momento de defender su patria, no se lamentaría una pérdida, sino la de muchas vidas. Básicamente estaría en juego el futuro de todos los habitantes de esa nación. En términos positivos, esta reflexión de Alejandro Magno la podemos establecer de esta forma: el buen comportamiento de un ciudadano sirve de ejemplo a todos los demás; aún más cuando se trata del cuerpo militar, quienes son los defensores de su nación.

Cuando esa conducta se convierte en una acción colectiva de todos sus habitantes, su ejemplar actitud puede conducir a ese país a obtener la más elevada civilización. En ese sentido, y hablando en términos figurativos, cuando cada persona aporta su granito de arena procurando lograr tener un buen proceder, el conjunto de todos sus integrantes forma una generalidad virtuosa. Eso último es lo que instituye "el futuro" de toda su población; tal y como expresó Alejandro Magno en esta nota. Él expresó lo siguiente: de la buena conducta de cada ciudadano "depende el destino de todos".

Mensaje bíblico: *«Hebreos 13:8: "Jesucristo es el mismo ayer y hoy, y por los siglos"».*

48) «*NO DEJES CAMINO REAL POR VEREDA*».

Camino Real
Foto: N.C.

Categoría: *Refrán/Adagio de sabiduría popular.*

Se refiere: *a los riesgos.*

Significado: "No dejes camino real por vereda" *emite mediante su vocabulario una observación y advertencia a la vez. Estas se refieren a los riesgos; y significa: no debemos cambiar una situación de seguridad por otra incierta o desconocida. Pero* *además, su literatura invita a las personas a reflexionar, sobre todo, tomando decisiones difíciles o lidiando con situaciones complejas. De acuerdo a su mensaje debemos pensar y analizar los distintos aspectos de cualquier asunto, antes de tomar una medida importante. Este refrán abarca varios aspectos de la vida, dos de los cuales aparecen a continuación: uno de forma particular y otro de manera general.*

Primero: esta expresión se expone como advertencia. Por ejemplo, cuando una persona disfruta de estabilidad emocional y/o económica, y de repente, se ilusiona o apasiona por alguien que la hace dejar todo lo que ha obtenido, para iniciar una nueva relación amorosa o emprender una simple aventura. Segundo: este refrán contiene en su mensaje una observación; y es la siguiente: Los cambios súbitos pueden traernos felicidad, ganancias o beneficios; también, estos podrían ponernos en riesgos de muerte o desestabilizarnos emocionalmente o económicamente.

Moraleja: *Las decisiones importantes pueden determinar nuestro futuro. Por ese motivo, todos debemos pensar muy bien lo que vamos a hacer antes de tomar una medida drástica o definitiva.*

Reflexión: *Que nuestras perspectivas futuras estén siempre enfocadas hacia caminos de luz, seguridad, bienestar, amor y paz.*

Cita relacionada al dicho:

"El que no sabe disfrutar de la aventura cuando le viene, no se debe quejar si se le pasa".

Miguel de Cervantes

(1547-1616)

Miguel de Cervantes Saavedra (1547-1616); escritor, novelista, poeta y dramaturgo español dijo: **"El que no sabe disfrutar de la aventura cuando le viene, no se debe quejar si se le pasa".** *Cervantes en esta locución se refirió a la oportunidad u* ocasión. Una aventura suele presentársele a las personas en algún momento durante sus vidas. En algunos casos, esta puede ser emocionante, divertida o interesante. Pero de acuerdo a esta expresión de Cervantes, cuando esta toca tu puerta debes vivirla a plenitud; nunca desaprovecharla.

Sin embargo, las verdaderas aventuras suelen ser fortuitas e inseguras. Del mismo modo que los eventos que se han previstos, porque estos también incluyen riesgos. Pero Cervantes insinuó, que cuando la ocasión de obtener o realizar algo nos llega no debemos desaprovecharla. Él sugirió lo siguiente: si alguien no se interesa por esos eventos, y luego este individuo se da cuenta de aquello que perdió; entonces, este debe conformarse y no lamentarse, porque él tuvo la oportunidad de disfrutarlo.

Mensaje bíblico: «*San Juan 3:20; Jesús dijo: **"El que obra mal odia la luz, y no va a la luz"**».*

49) «*NO DEJES PARA MAÑANA, LO QUE PUEDES HACER HOY*».

Crepúsculo

Categoría: *Refrán/Adagio de sabiduría popular.*

Se refiere: *al momento presente, actual.*

Significado: *Este refrán antiguo constituye una enseñanza. El mismo se refiere al tiempo presente. Todos vivimos el día de hoy, aunque podemos recordar el pasado, y de la misma forma pensamos en el futuro; pero lo real e importante es todo lo que* *vivimos en cada minuto de nuestras vidas. Por lo tanto,* **"No dejes para mañana"** *representa el momento actual.*

Mientras tanto, **"lo que puedes hacer hoy"** *significa, efectuar cada día todos nuestros deberes y obligaciones, sin postergarlos para el futuro. Luego, entre esas prioridades están: trabajar, estudiar, atender todos nuestros compromisos. Esas son las responsabilidades de cada ser humano.*
Dice en el Nuevo Testamento: Mateo 6:34 ***"No os afanéis por el día de mañana, porque el día de mañana traerá su propio afán. Basta a cada día su propio mal"***.

Moraleja: *El día de hoy es el más importante de todos. Debemos procurar que nuestro tiempo presente sea el más valioso de nuestras vidas. El pasado no existe, y el futuro, no sabemos cómo será.*

Reflexión: *Un instante puede ser breve, pero si en este logras ser feliz; ese es el más valioso de tú día.*

Cita relacionada al dicho:

"Grabad esto en vuestro corazón, cada día es el mejor del año".

Ralph Waldo Emerson

(1803-1882)

Ralph Waldo Emerson (1803-1882), escritor, filósofo y poeta estadounidense dijo: ***"Grabad esto en vuestro corazón, cada día es el mejor del año".*** *El significado de este adagio de Emerson es este: independientemente del pasado y el futuro, todos vivimos un eterno presente. El día de hoy es el más valioso de todos, porque es el* *actual. El mejor y más importante de nuestras vidas. En este disfrutamos de nuestras familias, labores y diversas actividades.*

*Por lo tanto, si aceptamos la idea de Emerson y nos proponemos que **"Cada día sea el mejor del año"**, podremos lograr formar con todos ellos un cúmulo de eventos importantes; y estos luego satisfarán nuestras vidas. Especialmente, esos momentos donde hemos realizado cosas nuevas o valiosas, las cuales hemos disfrutado a totalidad. Porque siempre concedemos mayor importancia a los días especiales y ofrecemos lo mejor de nosotros a sus escenarios.*

Emerson en su vasta sabiduría nos propuso esto: nuestras vidas serían más felices o menos difíciles si le otorgáramos el debido valor a cada día. Considerando cada día el mejor del año, el mundo sería un lugar ideal donde vivir. Porque siempre lo mejor manifiesta felicidad. Cuando las personas estamos felices nuestra actitud cambia, somos más positivas. No existe descontento ni mal humor. Debido a que la felicidad proporciona paz, bienestar y armonía, las condiciones más deseadas del hombre.

Mensaje bíblico: *«La Biblia dice:* **"Hoy es el día de salvación, Hoy es el día aceptado:" porque Dios vive un eterno presente, jamás anda apurado, y siempre está en un sonriente reposo"».**

50) «*NUNCA FALTA UN PELO EN UN SANCOCHO*».

Sancocho casero/Foto de N.C.

Categoría: *Refrán/Frase de sabiduría popular.*

Se refiere: *a las situaciones desagradables.*

Significado: "Nunca falta un pelo en un sancocho" *es un refrán elaborado para destacar los inconvenientes que todos podemos enfrentar en alguna etapa de nuestras vidas. Esencialmente, en momentos felices o placenteros. A partir de que encontrar un pelo en un alimento es totalmente desagradable para cualquier persona. Eso significa, que los disgustos pueden surgir cuando menos los imaginamos o esperados.*

Esta expresión en sentido figurado revela la existencia de situaciones inoportunas que no son del agrado de nadie. Pero la misma frase también podría estar señalando circunstancias perjudiciales, que causan daño al ser humano de manera moral o física. No obstante, esta locución suele escucharse cuando las personas están disfrutando de algún evento agradable, y de repente sucede algo de mal gusto que acaba con su felicidad o la armonía existente en el lugar; muchas veces termina con ambas cosas a la vez.

Sancocho campestre
Foto de N.C.

Moraleja: *En ciertas oportunidades suceden situaciones desagradables que molestan y desarmonizan nuestra paz. Sin embargo, ante las dificultades debemos aplicar la filosofía del buen vivir; no permitiéndoles a los inconvenientes o simples nimiedades amarguen nuestros gratos momentos.*

Reflexión: *Las adversidades de la vida pueden ensañarse con cualquier ser humano. Pero alimentando nuestra fe en Dios y manteniendo cierta sensatez, no perderemos la alegría de vivir.*

Cita relacionada al dicho:

"El que sabe dominarse asimismo sabe dominar a sus semejantes".

Confucio

(551 a. C. – 479 a. C.)

*Confucio (551 a. C.-479 a. C.); filosofo chino dijo: **"El que sabe dominarse así mismo sabe dominar a sus semejantes"**. Este adagio de Confucio significa lo siguiente: debemos aprender a dominar nuestros impulsos, porque cuando estos no se frenan a tiempo suelen ser perjudiciales incluso para nosotros mismos. Partiendo de esa realidad, Confucio aconsejó reprender nuestros ímpetus, ya que estos son negativos.*

La base de este pensamiento reside en el dominio personal de todos. Por ese motivo Confucio expresó: **"El que sabe dominarse asimismo"** Dominar nuestros impulsos nos favorece de forma emocional y física. Además, nuestro control y dominio les proyecta a otras personas paz y seguridad. Ahí entra la segunda parte de la frase que enuncia: **"Sabe dominar a sus semejantes"**; porque nuestra carencia de autocontrol produce descontrol en los demás.

Mensaje bíblico: «*Deuteronomio 33:27:* **"El eterno Dios es tu refugio, su eterno poder es tu apoyo…"**».

51) «OJOS VEMOS, CORAZONES NO SABEMOS».

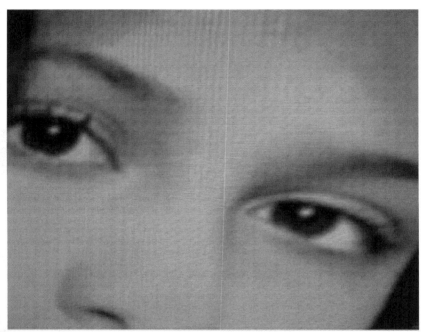

Ojos honestos / Foto: N.C.

Categoría: *Refrán/Frase de sabiduría popular.*

Se refiere: *a la desconfianza, hipocresía y mentira.*

Significado: *Cuando una persona formula o relaciona sus ideas, a eso le llamamos pensar. Esa es una característica de los hombres. Esta establece un conjunto de apreciaciones que se obtienen sobre alguien o algo. Indudablemente, ese es un privilegio del ser humano, mediante el cual podemos tener de forma exclusiva y secreta nuestros pensamientos, a no ser que queramos revelarlos a otros.* **"Ojos vemos, corazones no sabemos"** *constituye la máxima expresión de la anterior explicación.*

Aunque su mensaje es simple y claro, el mismo concierne a la desconfianza. Esta trata lo siguiente: así como a simple vista nosotros no podemos saber las ideas de los demás **("Ojos vemos")**, *tampoco conocemos con plena certeza la sinceridad de sus sentimientos, palabras o intenciones* (**"Corazones no sabemos"**). *Por tales razones, el contenido gramatical de esta locución concierne a la hipocresía y mentira de ciertas personas; porque nadie puede "saber de buena tinta" lo que guarda cada quien en su interior.*

Moraleja: *Este refrán debía decir:* **caras vemos, corazones no sabemos, porque mentes no leemos**. *No obstante, siempre existe en nosotros la posibilidad de poder intuir los pensamientos o sentimientos de otros. Solamente debemos observar o mirar a los ojos a las personas, así percibiremos la autenticidad de sus palabras.*

Reflexión: *Los pensamientos y sentimientos del hombre establecen la más auténtica y valiosa exclusividad de los humanos. Si nosotros lo deseamos podemos exponerlos o demostrarlos; de lo contrario, nadie los puede saber; tampoco alguien nos los puede robar.*

Cita relacionada al dicho:

"Tus pensamientos se convertirán en palabras; tus palabras se convertirán en actos; tus actos se convertirán en hábitos y tus hábitos se convertirán en destino".

Mahatma Gandhi
(1869-1948)

*Mahatma Gandhi (1869-1948); abogado, pensador y político de la India dijo: **"Tus pensamientos se convertirán en palabras; tus palabras se convertirán en actos; tus actos se convertirán en hábitos y tus hábitos se convertirán en destino"**. Este genial* *pensador utilizando breves palabras describió la naturaleza o característica humana. Gandhi inició su apotegma de esta forma: **"Tus pensamientos se convertirán en palabras"**.*

Ciertamente, todas las personas antes de comunicarnos primero pensamos lo que vamos a expresar. Unos relacionan y emiten sus ideas más rápidamente que otros. Asimismo existen quienes piensan muy bien lo que van a decir. Por consiguiente, la introducción de esta frase de Gandhi es incuestionable. Esta es la regla de oro de todo comportamiento humano. Ese es uno de los distintivos que nos diferencian de los animales inferiores, los cuales no tienen la fortuna de poseer esa condición.

*Luego Gandhi añadió: **"Tus palabras se convertirán en actos"**. Realmente, nuestras acciones se realizan después de nuestras ideas y palabras. Comúnmente es usual hablar y luego actuar, exceptuando las veces que aún callados, actuamos. En seguida Gandhi señaló: **"Tus actos se convertirán en hábitos"**. Esa es una gran verdad. La repetición periódica de las acciones muy pronto se convierte en costumbres. Es una adopción del cerebro humano, el cual cada quien lo educa y dirige a su modo.*

*Prontamente Gandhi amplio su mensaje concluyendo en lo siguiente: **"Tus hábitos se convertirán en destino"**. Realmente su última frase determina un hecho fehaciente, donde cada ser humano establece su propio estilo de vida y norma de conducta. Generalmente, ese criterio se basa en gustos, preferencias y creencias ideológicas. De forma individual, el modo de ser de cada quien lo regirá y permanecerá hasta el final de sus días. En términos generales y basándonos en todo lo antes explicado podemos afirmar: la buena educación desde temprana edad es muy significativa.*

Guiándonos por la educación podemos crear hábitos positivos. Además, nuestra salud mental y física serán favorecidas; ambas son determinantes en nuestro futuro.

Mensaje bíblico: *«Romanos 14:13: **"Por consiguiente, ya no nos juzguemos los unos a los otros; sino más bien decide esto: no poner obstáculo o piedra de tropiezo al hermano"**».*

52) «PARA CORTARSE LAS VENAS».

Categoría: *Refrán/Frase de sabiduría popular.*

Se refiere: *a la desesperación que causan algunos problemas.*

Significado: *Este es un refrán de origen caribeño. Nuestras investigaciones indican su surgimiento. Nació en la isla de Cuba. Esta frase concierne a los problemas, los cuales en términos generales son portadores de confusiones y negativos resultados.* **"Para cortarse las venas"** *es una frase que suele escucharse cuando la gente está atravesando por momentos de desesperación o peligro. Quien o quienes enfrentan estas agravantes condiciones anímicas (morales, psíquicas, etc.) podrían muy bien descontrolarse, y eso las conduce a cometer actos irracionales.*

Este refrán significa lo siguiente: cuando alguien está sumergido en una enorme pena o angustia, que le impide pensar con claridad y cordura, obviamente, ese momento tan difícil lo lleva al deseo de terminar con su vida. **"Para cortarse las venas"** *es un claro indicador de una grave situación. Esta locución nos muestra la angustia o desesperación de quien está padeciendo un problema muy difícil. Además, mediante la misma, la persona afectada revela a quienes se encuentran fuera del asunto, la gravedad o profundidad de su conflicto.*

Moraleja: *Muchas veces nosotros mismos acrecentamos un problema a nivel mental, y eso es una especie de descontrol que llevamos a la práctica. Todos los conflictos tienen solución. Entonces, ¿por qué torturarnos más de lo debido?*

Reflexión: *El hombre no es más que lo que piensa, siente, sabe y comunica; ese es el resumen de su esencia.*

Cita relacionada al dicho:

"Lo que empieza con cólera termina con vergüenza".

Benjamín Franklin

(1706-1790)

Benjamín Franklin (1706-1790); político, científico e inventor estadounidense dijo: **"Lo que empieza con cólera termina con vergüenza".** *Franklin al inicio de este adagio, y refiriéndose a los impulsos humanos expresó:* **"Lo que empieza con cólera".** *Él significó: las presiones y arrebatos empujan al hombre a cometer errores imperdonables. En seguida, este científico conectó su idea a la siguiente, expresando:*

*"**Termina con vergüenza**". Su conclusión está relacionada a actos vergonzosos e impropios de algunos miembros de la familia humana.*

La cólera es un acto parecido a los que presenta la locura. Porque un estado mental saludable provee al individuo cordura. La razón debe ser superior a la furia. El ser humano tiene un cerebro para pensar (razón). Mientras los animales inferiores no tienen ese órgano; por ese motivo, ellos únicamente pueden actuar a través de sus instintos (auto defensa, satisfacción de sus necesidades, violencia, etc.).

*Por lo tanto, si entre humanos algo empieza con agresividad; y una vez pasado el momento de irritabilidad los involucrados se dan cuenta del acto de barbarie que cometieron; entonces, como expresó Franklin, ellos "**terminan con vergüenza**". Esa es la pena de quien está provisto de sentimientos y los manifiesta. En otro contexto, cuando dichas personas actúan de manera racional, pero realizando actos impropios, ellas son motivo de vergüenza y desprecio para los demás.*

Mensaje bíblico: *«Jesús dijo: "**Todo lo que pidiereis al Padre en mi nombre lo haré, para que el padre sea glorificado en el hijo, si algo pidiereis en mi nombre, yo lo haré**"».*

53) «*PELITOS A LA MAR*».

Mar

Categoría: *Dicho histórico/Frase proverbial.*

Se refiere: *a perdonar o reparar los conflictos.*

Significado: "Pelitos a la mar" *es un dicho de origen Español referente al perdón. Este dicho significa: debemos dejar a un lado los problemas personales; y buscar soluciones que ayuden a resarcirlos. Esta expresión sugiere una reconciliación entre dos o más personas, quienes por alguna razón se encuentran disgustadas.*

Moraleja: *Cuando suceden discordancias entre familiares o personas conocidas, y estas no pasan de simples disgustos, se deben subsanar sus diferencias buscando una* *forma de conciliación; y por tanto, el perdón. La amistad es base de amor, unión y respeto entre humanos.*

Reflexión: *El perdón es superior al castigo. Mientras el perdón es grandioso, porque realza la nobleza del hombre; el castigo es endeble y humillante; este denigra al ser humano. El perdón puede liberar un espíritu encerrado en la prisión del rencor. Porque el espíritu es de manifestación libre y el rencor es de naturaleza opresora.*

Comentario histórico: *Homero (Siglo VIII a. C.); poeta griego. Él fue el autor de las principales épicas Griegas. Homero escribió en su obra titulada "La Ilíada", sobre el "**Aventado de sus Pelos**". En este trabajo él se basó en una práctica muy usada por los griegos, cuando entre ellos surgían ciertos conflictos. Pero una vez aclarados los mismos, las partes involucradas decidían olvidar sus diferencias personales. Para esos fines, ellos realizaban una acción que consistía en quitarse algunos pelos de la cabeza y dejarlos volar al viento cerca del mar. De ese modo, esos helénicos sellaban sus acuerdos. Una linda forma de reiniciar su amistad.*

Citas relacionadas al dicho:

"El perdón es mejor que el castigo".

Pitaco
(640 a. C.-568 a. C.)

a) Pitaco de Mitilene (640 a. C.-568 a. C.) rey de Mitilene; sabio de Grecia dijo: **"El perdón es mejor que el castigo".** *Esta frase de Pitaco concierne a los nobles sentimientos. Estos se basan en la generosidad humana. En ella no hay lugar para el odio ni el rencor. Entretanto, durante un castigo podemos observar que reina la frialdad y falta de compasión hacia nuestros semejantes.*

"Vencer y perdonar es vencer dos veces".

Pedro Calderón de la Barca
(1600-1681)

b) Pedro Calderón de la Barca (1600-1681); dramaturgo y poeta español dijo:
"Vencer y perdonar es vencer dos veces". *El vencer a alguien es poseer un dominio absoluto de fortaleza y resistencia. Obviamente, un ganador presenta condiciones superiores a las de su contrincante. Ahora bien, vamos a ver este ejemplo: en*

cualquier contexto de la vida, cuando un individuo vence a otro y puede destruirlo moralmente; pero no lo hace; más bien lo perdona por encontrarse en inferiores condiciones a las de él; a eso Calderón de la Barca le llamó: ***"Vencer dos veces"***. La primera, derrotando a su rival a través del dominio propio. La segunda y más significativa es, perdonando a su opositor ante su sumisión o humillación. Esta acción, además, destaca la calidad humana e inteligencia del vencedor.

"El perdón es contrario a la justicia"

Séneca
(4 a. C.- 65 d. C.)

c) En cambio Lucio Anneo Séneca (4 a. C.-65 d. C.), escritor, filósofo romano dijo en su obra titulada: **De la clemencia: "El perdón es contrario a la justicia"**. *Sin embargo, él aconsejó la* **clemencia**. *Séneca no estuvo de acuerdo en perdonar a los culpables de delitos, pero sí en emplear la pena justa. Debido a que la justicia de una* *nación fue creada para aplicar sus leyes en el momento que se requiera su acción. Si se perdonaran a los delincuentes, esas leyes judiciales no tendrían ningún valor o razón de existir. Lo peor sería, los criminales quedarían sin castigo y el mundo se convertiría en un caos total. Por esos motivos Séneca sugirió la* **clemencia**. *Eso significa, no ser cruel o injusto con quien ha sido condenado; sino justo, aplicándole un razonable castigo, de acuerdo a la infracción cometida.*

Mensaje bíblico: *«Lucas 17:4:* ***"Si siete veces al día pecare contra ti, y siete veces al día volviere a ti diciendo: Me arrepiento; perdónale"».***

54) «*PERFUMES BUENOS VIENEN EN FRASCOS PEQUENOS*».

Perfumes famosos; colección de N.C.

Categoría: *Refrán proverbial.*

Se refiere: *a la mujer de baja estatura.*

Significado: "Perfumes buenos vienen en frascos pequeños" *es un refrán tomado de un proverbio chino. Su enunciado dice así:* **"La esencia fina viene en frascos chicos"**. *Pero ambas versiones conservan el mismo significado. Este dicho proverbial utiliza los perfumes buenos, para concretar la demostración de una idea que alude a* *las virtudes de las mujeres de baja estatura. Su significado es el siguiente: una mujer puede ser bajita, pero poseer vastos atributos físicos, a través de los cuales ella puede destacarse y lucir tanto o más bonita que las altas.*

La comparación de esta frase es debido a que los perfumes de buena calidad siempre se exhiben y venden en envases pequeños. Asimismo, la alusión de esta frase hacia las mujeres de portes bajos es para demostrar, que no sólo se debe considerar la altura en una mujer, también apreciar otras cualidades físicas, y sus aptitudes. Muchas de estas damas son muy bonitas. Mientras un sinnúmero de ellas posee condiciones especiales que las convierten en seres meritorios; por ejemplo, sus valores humanos, capacidades intelectuales o talentos artísticos. Todas esas condiciones les restan importancia a sus bajas alturas.

Moraleja: *La inteligencia, educación, instrucción académica, finos modales o la cultura general de una mujer son atributos superiores a su estatura. Esas condiciones elevan más a una mujer, que el nivel de su altura corporal.*

Reflexión: *No es lo mismo ser alto que grande. La altura determina el tamaño de una persona y la grandeza establece su nobleza espiritual. Por tanto, la altura no se puede medir mediante los sentimientos, como la grandeza no se puede calcular en términos de distancias. Esta última sólo se aprecia a través de obras generosas.*

Napoleón Bonaparte

(1769-1821)

Comentario histórico: *Este dicho nos recuerda una de las frases célebres del ilustre Napoleón Bonaparte (1769-1821); militar y leader francés; dice así:* **"Podrás ser más alto, pero no más grande".** *Esta expresión fue una respuesta de Bonaparte a uno de sus coroneles. Sucedió mientras Bonaparte estaba en su oficina tratando de tomar un objeto que estaba ubicado en un anaquel de considerable altura. En ese momento se encontraba presente un coronel de su ejército, quien le dijo:*

"Mi general déjeme alcanzarle ese objeto, yo soy más grande". Al escuchar eso, Bonaparte le contestó: **"Podrás ser más alto, pero no más grande".**

Este líder francés corrigió a su subalterno quien utilizó mal el lenguaje, confundiendo la grandeza con la altura. Bonaparte se refirió en esta frase a los méritos alcanzados por cualquier persona, los cuales forman parte de la grandeza; esta es independiente de su estatura. Asimismo, mediante esta frase y de forma alegórica, Bonaparte le restó importancia a la **altura** *otorgándole valor a la* **grandeza**. *Enfatizando, grandeza es sinónimo de nobleza, honor o dignidad.*

Mensaje bíblico: «*Salmos 86:10:* **"Porque tú eres grande hacedor de maravillas; sólo tú eres Dios"**».

55) «PERRO QUE LADRA, NO MUERDE».

Raza: Cannis familiaris
De: Carl Linnaeus, 1758

Categoría: *Refrán famoso.*

Se refiere: *a las personas que hablan de forma estruendosa.*

Significado: "Perro que ladra no muerde" *es un refrán cuyo léxico nos habla del mamífero denominado "perro". Aunque generalmente, los perros que muerden y pueden incluso dejar sin vida a alguien son aquellos, que atacan a sus presas sin hacer alarde de su presencia. Muchos de ellos ladran por el siguiente motivo: por su condición de animal inferior. Ellos no pueden comunicar sus ideas porque no tienen un cerebro que los capacite para hacerlo. Por tal razón, estos animales desconocen las reglas de educación de los humanos.*

No obstante, los humanos somos superiores a todos los demás animales, y nosotros sí tenemos la capacidad para pensar y discernir. También conocemos las reglas del buen vivir. La comparación y alusión tácita del "perro" con el "hombre" se debe a lo siguiente: cuando una persona para expresar sus ideas lo hace vociferando o gruñendo; entonces, ella está adoptando un comportamiento propio de ese animal conocido como "perro", el cual manifiesta lo que captan sus instintos, ladrando. Este refrán alude además, a la gente que posee un tono de voz agresivo o quienes en algún momento expresan sus ideas en alta voz, pero en términos ofensivos.

Esas personas que exageran su voz al hablar, algunas veces ellas logran atemorizar a quienes las escuchan. El objetivo de este refrán es indicar, que aún cuando sus palabras sean estruendosas, ellas no causan daños físicos a nadie. Realmente, esos son actos de cobardías provenientes de deseos frustrados. Una forma de ser muy desagradable. Por esa razón este refrán expresa claramente: **"Perro que ladra no muerde"** *para referirse a la agresión verbal de esos cobardes y pobres criaturas.*

Moraleja: *Aunque las personas vulgares son sumamente desagradables es preferible cuidarnos de aquellos individuos que no hablan, ni hacen ruidos; porque al no expresarse no conocemos sus pensamientos, por lo tanto, de qué ellos son capaces.*

Reflexión: *La paz interior es uno de los sentimientos más valiosos y significativos del ser humano.*

Cita relacionada al dicho:

"Mira en qué paz puede morir un cristiano".

Joseph Addison

(1672 – 1719)

*Joseph Addison (1672 – 1719) escritor, autor de teatro, ensayista, poeta y político inglés dijo: "**Mira en qué paz puede morir un cristiano**". Addison en este adagio se refirió a la paz interior de alguien en especial. De acuerdo a su texto, él estaba* mostrando a un ser humano de buenos sentimientos; una persona honorable. Quizás se trató de un devoto del cristianismo de conducta intachable.

Esa paz que este escritor mencionó en esta cita es el resultado de un espíritu sosegado que no alberga en su conciencia rencores, odios ni remordimientos; porque estos son secuelas de malas acciones. Al momento de morir, esa persona que Addison describió, murió en paz, cristianamente o bajo la gracia de Dios. Es precisamente bajo esas condiciones, que debemos morir todos los seres humanos.

Mensaje bíblico: «*Filipenses 4-7:* **"Y la paz de Dios que sobrepuja todo entendimiento, guardará vuestros corazones"**».

56) «*PREDICANDO EN EL DESIERTO*».

Categoría: *Dicho famoso/Proverbio religioso.*

Se refiere: *a hablar en vano o sin resultados positivos.*

Significa: "Predicando en el desierto" *es un dicho considerado proverbio, porque su vocabulario está relacionado a la misión de Jesús, quien predicaba a las afueras de la ciudad de Judea. En sentido alegórico este dicho se refiere a hablar o aconsejar a una persona en vano. Esta frase destaca la falta de interés que muestra alguien sobre un asunto que otra le está exponiendo. De ese modo, quien habla expresa la frase para destacar el desinterés de dicha persona. Evidentemente, el interlocutor no le da la más mínima importancia al argumento que se le está exteriorizando.*

Aunque este dicho proviene de los sermones de Jesús, quien tenía miles de fieles que iban al desierto a escucharlo, "predicando en el desierto" alude literalmente a un lugar donde no hay ninguna persona para oír lo que alguien predica o propone. Esta frase aplica especialmente, a las personas que se muestran indiferentes cuando se les aconseja, advierte o recomienda alguna cosa. Por otra parte, desde tiempos de Jesús **"Predicando en el desierto"** *se convirtió en un dicho popular, tomando el sentido que se le da en nuestros días: hablar sin conseguir ser escuchado.*

Esta expresión es muy típica en algunos hogares, donde los padres corrigen a sus hijos y ellos hacen caso omiso a sus consejos o censuras.

Moraleja: *El sabio siempre escucha los consejos; el tonto nunca presta atención a lo que se le dicen. Debemos escuchar, sin pensar que lo sabemos todo; y reflexionar, sin imponer nuestro propio juicio.*

Reflexión: *Las palabras edificantes transmiten mensajes de amor, salud, perdón, paz, unidad o armonía.*

El Sermón de la Montaña

Obra de: Carl Heinrich

Comentario histórico: "Predicando en el desierto" *es una frase procedente de los sermones de Jesucristo en el desierto. A diferencia del mensaje que transmite el dicho, Jesús sí era escuchado por miles de fieles que creían en sus palabras. Por otra parte, mucha gente piensa en el desierto casi despectivamente. Otros lo imaginan un lugar solitario, lleno de arena y donde coexiste un terrible calor. De hecho, los desiertos son lugares áridos, muy calientes e inhabitables.*

Sin embargo, la temperatura del desierto es favorable para este planeta, el cual puede mantener un equilibrio climático gracias a esas zonas de la tierra. De lo contrario, este gran Cosmos sería muy frío. Otra ventaja de ese territorio es, que contiene petróleo en abundancia; un combustible muy útil a la vida del hombre. De esa región se pueden extraer además, minerales preciosos, tales como oro, plata y cobre.

En conclusión, toda la tierra es fértil. Aquello que no se produce en un área de la misma, se obtiene en otra. De ahí las explotaciones de petróleos y otros minerales que se realizan en muchos países del mundo. Asimismo, las diferentes agriculturas.

Comentario histórico: *Relacionado a este dicho que expresa:* **"Predicando en el desierto"**, *debemos recordar parte de las vicisitudes que atravesó Jesús en el desierto. Una muy significativa es la que aparece en el Nuevo Testamento: Mateo 4:1-11 y Lucas 4:1-13. Ambos explican que Jesús estuvo en el desierto cuarenta días y cuarenta noches.*

Tentación de Jesús

De: Ary Scheffer

Jesús había ayunado todo ese tiempo; por lo que es razonable pensar, en su calidad de ser humano, Él tuviera hambre. Fue entonces, cuando se le apareció Satanás para tentarlo, y lo primero que le dijo fue lo siguiente: **"Si eres el hijo de Dios diles a esas piedras que se conviertan en panes".** *Mas Jesús le respondió:* **"Escrito está, no sólo de pan vive el hombre, sino de toda palabra que sale de la boca de Dios".**

Mensaje bíblico: *«Efesios 4:29:* **"Ninguna palabra torpe salga de vuestra boca, sino la que sea buena para edificación, para que dé gracia a los oyentes"».**

57) « ¡QUÉ NO TE DEN GATO POR LIEBRE! ».

Liebre
Foto: Malene Thyssen

Categoría: *Refrán famoso.*

Se refiere: *a las compras.*

Significado: "**¡Qué no te den gato por liebre!**" *se refiere a las compras. Este refrán sugiere lo siguiente: inmediatamente se compra un artículo, este debe ser revisado en el mismo establecimiento comercial que ha sido comprado, porque el cliente puede* recibir una mercancía equivocada. Estas cosas suelen suceder, no tanto por malicia de parte de los vendedores, sino por errores humanos, que forman parte de las imperfecciones del hombre. Lo peor y más desagradable que podría ocurrirle a un comprador es, pagar por un objeto y recibir otro de inferior calidad, y por supuesto, menos costoso que el pagado.

Moraleja: *Obtener un articulo equivocado al momento de comprarlo, no es usual; pero sí está dentro de las posibilidades correspondientes a las compras y ventas. Es importante revisar todo lo comprado antes de salir de la tienda.*

Reflexión: *Se puede ser sabio y respetuoso, sin pecar de ignorante y descortés.*

Comentario histórico: *"¡Qué no te den gato por liebre!"* *fue una expresión muy utilizada en los escenarios literarios durante la edad Media (siglo V hasta XV); y siglo XVI. Este refrán está relacionado a las ventas y los mesoneros de esas épocas. Los italianos Franco Sachetti (1330-1400) y Mateo Bandello (1485-1561) fueron los primeros en introducir las posadas en sus novelas, narrando aventuras amorosas y peripecias. Esas particularidades se encuentran también, en los cuentos de Canterbury escritos en el siglo XIV por Geoffrey Chaucer. Estos representan las obras más importantes de la literatura inglesa, y para algunos escritores son los mejores de la edad media.*

Posteriormente, esa costumbre italiana fue transportada a España por los escritores Mateo Alemán y Miguel de Cervantes; y se encuentran en todas las novelas del siglo XVII. De acuerdo a la imagen que ofrecían sus cuentos y algunos refranes, los establecimientos de ventas y las hospederías eran lugares miserables. Los huéspedes debían pagar un alto precio a cambio de malos alimentos y un deficiente servicio.

De ese modo, José Miguel Covarrubias (1904-1957); artista e investigador mexicano, ilustró este conocido dicho de la manera siguiente:

"Vender el gato por liebre engaña en la mercadería tomado de los venteros, de los cuales se sospechaba que lo hacen a necesidad, y echan un asno en adobo y lo venden por ternera. Debe ser gracia y para encarecer cuán tiranos y de poca conciencia son algunos".

En el 1573 Eugenio Salazar (1530-1602); escritor español dijo en una de sus cartas:

"Si un día coméis en una venta, donde el ventero cariacuchillado experto en la seguida y excitado en lo de rapa pelo, y agora cuadrillero de la Santa Hermandad,

os *"vende el gato por liebre", el macho por cenero, la cecina de rocín por la de vaca, y el vinagre aguado por vino puro".*

Nota: *"Agora", en el lenguaje de ese tiempo significa "ahora", en la gramática castellana actual.*

Mensaje bíblico: *«Prov. 1:20:* **"La sabiduría clama en las calles, alza su voz en las plazas; clama en los principales lugares de reunión; en las entradas de las puertas de la ciudad dice sus razones"».**

58) «QUERER ES PODER».

Categoría: *Dicho/Frase proverbial.*

Se refiere: *a los deseos, esfuerzos y perseverancias para lograr nuestros objetivos.*

Significado: "Querer es poder" *es una frase proverbial que se refiere a los deseos, esfuerzos y la perseverancia que debemos mantener para lograr nuestras metas. Lo primero es desearlo, a eso le llamamos querer. Lo siguiente se reduce a los esfuerzos para conseguir eso que tanto ansiamos; así nace nuestro poder. Este se encuentra en la fuerza interior y el enfoque de nuestros propósitos.*

En seguida agregamos la perseverancia. Esta última es primordial, la llave maestra que abre las puertas de nuestros ideales. Si nos lo proponemos, esta nos ayuda a alcanzar un futuro brillante; porque mientras más perseveramos en nuestros objetivos más triunfos logramos. Perseverar en nuestras ideas aumenta el poder requerido en nosotros para el planeamiento, elaboración, ejecución y culminación de la ejecución de nuestras aspiraciones.

Moraleja: *La fuerza de nuestros deseos determina la prontitud de su adquisición. Porque cuando realmente queremos algo, lo obtenemos. Cuando se quiere se puede.*

Reflexión: *Nuestra fuerza espiritual determinará los logros de nuestras metas.*

Cita relacionada al dicho:

"Hay una fuerza motriz más poderosa que el vapor, la electricidad y energía atómica: esa es la Voluntad".

Albert Einstein

(1879-1955)

Albert Einstein (1879-1955); físico, científico alemán. Premio Nobel de Física 1921; él dijo lo siguiente: **"Hay una fuerza motriz más poderosa que el vapor, la electricidad y energía atómica: esa es la Voluntad".** *Einstein en esta ocasión nos recuerda el poder interior que todos poseemos. Este científico inició su enunciado así:* **"Hay una fuerza motriz".** *Esa* **"fuerza motriz"** *habita en todos los humanos; esa es nuestra energía.*

246

En seguida él amplió su idea y expresó: **"Más poderosa que el vapor, la electricidad y energía atómica: la Voluntad"**. *La energía que todos poseemos interiormente es una fuerza motriz poderosa, capaz de controlar al mundo. Reiterando, la voluntad habita en cada uno de nosotros. De manera que quien la deja fluir no tiene rival. La voluntad es poder y fuerza; toda nuestra energía. Es sincronizar el poder de nuestra mente con el valor de nuestro espíritu; juntos son indestructibles.*

Mensaje bíblico: *«Lucas 8:15; Jesucristo dijo:* **"Más lo que cayó en buena tierra, estos son los que con Corazón bueno y recto retienen la palabra oída, y dan fruto con perseverancia"»**.

59) «*SATISFECHA YO, Y EL MUNDO PAGO*».

Categoría: *Refrán famoso.*

Se refiere: *a la satisfacción que alguien siente de sus actuaciones.*

Significado: "Satisfecha yo y el mundo pago" *es un refrán que proyecta de manera clara, la seguridad y satisfacción de una mujer, sobre sus actuaciones. Una frase proveniente de una persona digna. La misma expresa que ella mantiene una conducta correcta, aunque a otros les parezca lo contrario. Su significado es este: conforme al criterio de quien enuncia este dicho popular, su proceder es satisfactorio y está muy lejos de ser perjudicial para la sociedad donde esa persona vive.*

Cuando alguien muestra una actitud serena es porque no tiene nada que temer. Inversamente a la actitud de los culpables. Ellos revelan un palpable nerviosismo o inseguridad que demuestra su culpabilidad. En general, esta frase trata a una persona segura de sí misma, quien se siente conforme con su forma de ser y actuar.

Moraleja: *Muchas opiniones están relacionadas a las apariencias. La mayoría de personas juzgan a los demás por lo que ellas ven. No obstante, cuando nosotros sabemos que estamos actuando bien, no debemos preocuparnos por las opiniones negativas de otros. Al final, la verdad se revela mostrando su luz u oscuridad.*

Reflexión: *La satisfacción es un gozo interior. En ciertas oportunidades este sentimiento nace de nuestros deseos; otras veces de nuestros logros; y en muchas ocasiones, de nuestra buena conducta.*

Cita relacionada al dicho:

"Vive sólo para ti si pudieres, pues sólo para ti si mueres, mueres".

Francisco de Quevedo
(1580-1645)

*Francisco Quevedo (1580-1645); escritor, político y noble español dijo: **"Vive sólo para ti si pudieres, pues sólo para ti si mueres, mueres"**. Quevedo se refirió en este adagio a vivir la vida sin tomar en consideración las opiniones ajenas. Este noble español en la primera pieza de su nota expresó: **"Vive sólo para ti si pudieres"**. En el*

249

inicio de su expresión, Quevedo se estaba refiriendo a los diferentes escenarios de la vida que pueden comprometer al hombre.

Muchos de nosotros no podemos conducir nuestras vidas totalmente privadas, porque somos personas públicas y estamos expuestas a los comentarios de la gente. Por esa razón Quevedo indicó: **"Si pudieres"**. *En seguida, él concluyó su idea así:* **"Pues sólo para ti si mueres, mueres"**. *Ciertamente, como este ilustre escritor comunicó en esta última frase, cuando alguien muere, lo hace de manera individual; nadie lo acompaña espontáneamente.*

En conclusión, todos debemos vivir nuestras vidas de manera íntegra. De ese modo, no tendremos razones para preocuparnos.

Mensaje bíblico: *«Prov. 3:13:* **"Bienaventurado el hombre que halla la sabiduría, y que obtiene la inteligencia; porque su ganancia es mejor que la ganancia de la plata, y sus frutos más que el oro fino"».**

60) «*SE AHOGA EN UN VASO DE AGUA*».

Categoría: *Refrán famoso/Metáfora/Frase de sabiduría popular.*

Se refiere: *a la gente de carácter débil.*

Significado: "Se ahoga en un vaso de agua" *es un refrán aplicado a quienes se desesperan o atormentan por cosas de menor importancia. Ellos además se rinden ante las dificultades. Sin embargo, el sentido literario de esta expresión muestra una evidente exageración. Como hemos mencionado en anteriores dichos, el aumento deliberado y usado en algunos refranes, en literatura se denomina hipérbole. Esta es una figura retórica, que consiste en la exageración intencionada. En este caso, su intención se adapta a esta frase. Partiendo de que ningún ser humano, aún el más pequeño de todos, cabe en un recipiente de tan poco tamaño, el cual es utilizado por todos los humanos para beber agua.*

Asimismo, la intuición humana nos indica que el sentido gramatical de este dicho fue elaborado, sólo para exponer la limitación mental de las personas de caracteres débiles. En este punto debemos señalar, que muchas nimiedades han sido las autoras de grandes problemas, debido a su mal entendimiento. Luego, **"Se ahoga en un vaso de agua"** *sostiene un argumento sobre la conducta de la gente antes mencionada. Por consiguiente, esa frase sugiere lo siguiente: no debemos otorgarles a los pequeños disgustos más importancia de la debida, sino resolverlos de manera pacífica y con buena actitud. Porque además debemos recordar, que los conflictos son dañinos para la salud.*

El objetivo de este refrán es demostrar esto: las simplezas no adquieran más valor o categoría si nosotros no se las otorgamos; porque son boberías, pormenores sin importancias. Este dicho se aplica también a aquellas personas que se acobardan ante cualquier problema. Estos individuos no tienen la valentía de enfrentar complicaciones hasta vencerlas.

Moraleja: *No debemos dar mayor importancia a las tonterías; porque si lo hacemos, nos estamos ubicando en un plano inferior al que pertenecemos. Los conflictos de gran envergadura son los únicos que merecen nuestra atención.*

Reflexión: *Muchas cosas se pueden aprender; pero con la fuerza espiritual, nobleza, inteligencia y el carácter, se nace.*

Cita relacionada al dicho:

"La debilidad es bien sabido que llega a ser, de cuando en cuando, mucho más violenta y cruel que la energía de la voluntad, verdaderamente firme y segura de sí misma".

Serafín Estébanez Calderón (1799-1867)

A. Cánovas del Castillo, del libro "El solitario y su tiempo" de Serafín Estébanez Calderón (1799-1867); escritor, poeta, crítico taurino, historiador y político español, sobre la debilidad dijo: **"La debilidad es bien sabido que llega a ser, de cuando en cuando, mucho más violenta y cruel que la energía de la voluntad, verdaderamente** *firme y segura de sí misma"*. *Esta reflexión de Estébanez sobre la debilidad es un tanto ambiguo en su expresión. Sin embargo, si nos detenemos a analizarlo por partes podremos comprender su mensaje.*

Esta locución se inicia así: ***"La debilidad"***, *refiriéndose al rendimiento, extenuación o impotencia de alguien en un momento determinado. Prontamente, Estébanez continuó exponiendo su reflexión:* ***"Es bien sabido que llega a ser, de cuando en cuando, mucho más violenta y cruel que la energía de la voluntad"***. *Esta sección de su nota nos habla de la falta de fuerza interior de una persona, para combatir los embates de las adversidades; o sea, las agresiones y malas acciones de ciertos individuos. La debilidad del carácter, muchas veces, ha sido la causante de daños mayores a los que realmente debían acontecer.*

Por esa causa esta frase enuncia, que ***"la debilidad"***, ***"Llega a ser, de cuando en cuando, mucho más violenta y cruel que la energía de la voluntad"***. *Porque en la mayoría de los casos* ***"la energía de la voluntad"*** *es positiva. Esta viene a impedir sucesos desagradables e indeseables; y aun cuando esta es negativa, no es tan destructiva como el desenfreno que ocasiona la debilidad, la cual se trasforma en falta de valor para enfrentar tiempos hostiles o situaciones difíciles. La imposición de la voluntad evita que se produzcan errores que surgen del desenfreno de mentes atormentadas o malsanas.*

En tanto la debilidad, en todos los sentidos, abre sus puertas al descontrol y agresividad que generan algunos hombres, donde la única perjudicada es la persona que exterioriza esa ***falta de carácter***. *Para concluir este pensamiento de Estébanez él expone sobre la voluntad, que esta es:* ***"Verdaderamente firme y segura de sí misma"***. *Así es la voluntad. Esa energía es la que otorga firmeza a las acciones de los hombres.* ***Es la voluntad la que nos hace seres fuertes, no la debilidad de carácter.*** *Cuando la voluntad se manifiesta, ella es* ***"Firme y segura de sí misma"***, *capaz de dominar cualquier situación adversa y lograr los más exigentes objetivos.*

Mensaje bíblico: «*1 Corintios 1:27:* ***"Sino que lo necio del mundo escogió Dios, para avergonzar a los sabios; y lo débil del mundo escogió Dios, para avergonzar a los fuertes"***».

61) «SI VES QUE LE CORTAN LA BARBA A TU VECINO, PON LA TUYA EN REMOJO».

Leonardo da Vinci
(1452-1519)

Categoría: *Refrán antiguo/Frase proverbial.*

Se refiere: *a las precauciones.*

Significado: *Este refrán popular transmite un consejo. El mismo debe tomarse en consideración cuando ocurre algo anormal en nuestro entorno. Esta expresión aplica* *a los siguientes centros: trabajos, escuelas, parques y otros lugares similares, donde se encuentran diferentes grupos de personas. Ahora bien, en su inicio esta locución comienza con la conjunción "Si", la cual en este caso nos indica una condición hipotética.*

Luego la primera parte de la frase dice: **"Si ves que le cortan la barba a tu vecino".** *Esa expresión significa: cuando algo fuera de lo común sucede cerca de nuestros hogares, lugares laborales o donde nos encontremos, debemos tomar convenientes medidas de precauciones, para que esas anormalidades no nos afecten. En tanto, la segunda parte de la misma aclara la idea expuesta en su inicio. Esta expresa:* **"Pon la tuya en remojo".**

En sentido figurado, esa conclusión sugiere esto: luego de tomar las providencias necesarias, lo más recomendable es mantenernos alertas para actuar rápidamente si la ocasión lo amerita. Enfatizando, esa locución siempre se ha empleado para alertar a la gente sobre posibles peligros. También, para tomar como ejemplos los perjuicios o daños ocasionados a otros. De esa forma, si algunos de nosotros nos encontramos en similares circunstancias no nos sucederá lo mismo que a ellos; porque estaremos prevenidos.

Asimismo, este refrán nos comunica de manera generalizada, no estar confiados o despreocupados en ningún momento, sino pendientes de los distintos contextos que ocurren fuera y dentro de nuestro hábitat, los cuales pueden afectar nuestras vidas; especialmente, aquellos que muestren riesgos o dificultades.

Moraleja: *Mostrar indiferencia ante sucesos que nos pueden afectar directamente o indirectamente, no es prudente ni aconsejable. Estar alertas; pero sin inmiscuirnos en asuntos ajenos a los nuestros es lo más recomendable.*

Reflexión: *Está escrito, hasta los más sabios se previenen del mal.*

Comentario histórico: "Si ves que le cortan la barba a tu vecino, pon la tuya en remojo" *es un refrán antiguo y coloquial que data del siglo XV. Este, como muchas otras expresiones populares tiene varias versiones; pero la mayoría de ellas conserva el mismo significado. Esta locución en particular es originaria del idioma latín. En esa lengua este refrán se expone así:* **"Barbam propinqui rader, heus, cum videris, prave lavandos barbula prudens pilos".** *En el idioma español ese escrito se traduce a* lo siguiente: **"Cuando veas afeitar la barba de tu vecino ten la prudencia de poner la tuya a remojar".**

Citas relacionadas al dicho:

"Quando la barba de tu vezino vieres pelar pon la tuya de remojo".

Alfonso Martínez de Toledo (1398-1468)

a) Alfonso Martínez de Toledo conocido como el Arcipreste de Talavera (1398-1468); un escritor español mencionó este refrán como sigue: **"Quando la barba de tu vezino vieres pelar pon la tuya de remojo".**

"Quando la barba de tu vezino pelar, echa la tuya a remojar".

Hernán Núñez (1475-1553)

*b) Hernán Núñez (1475-1553), su libro: "Refranes y Proverbios en Romance"1555, lo mostró así: "**Quando la barba de tu vezino pelar, echa la tuya a remojar**".*

"Quando vieres la barba de tu vezino pelar echa la tuya a remojar".

Sebastián Covarrubias
(1539-1613)

c) Sebastián Covarrubias (1539-1613), en su libro titulado: "Tesoro de la Lengua Española", 1611; lo citó de este modo: ***"Quando vieres la barba de tu vezino pelar echa la tuya a remojar"***.

"Pues no velar es sumo desatino viendo pelar las barbas del vezino".

El capitán Francisco Draque
(1540-1596)

*d) El capitán Francisco Draque (1540-1596) presentó este refrán en el 1586 de esta manera: "...**Pues no velar es sumo desatino viendo pelar las barbas del vezino**".*

*e) Esteban de Terrero (1707-1782); autor del "Diccionario Castellano" del 1786 expuso esta conocida locución, en el 1765 de esta forma: "**Quando la barba de tu vezino vieres pelar echa la tuya a remojar**".*

Como podemos apreciar las interpretaciones de este refrán mencionadas arriba, todas son definiciones de diferentes escritores famosos de pasados siglos. Su fama se debió posiblemente, a que la misma surgió de un hecho real: la práctica utilizada por los barberos de esos tiempos, quienes acostumbraban remojar con agua tibia las barbas de sus clientes para preparar su afeitado. Esa acción les facilitaba el afeitado de sus clientes; pero también, les ayudaba a los señores en tiempo y comodidad.

Así, mientras se afeitaba a un caballero se ponía la barba del siguiente en dicha agua. Este método se denominaba: poner en remojo o ablandamiento. Así nació esta notable expresión; una locución que transmite su intención en sentido figurado para poder ser interpretada.

*Por otra parte es conveniente mencionar las trasformaciones que ha sufrido la lengua castellana. El vocabulario utilizado en pasados siglos es diferente al actual. Por esa razón las dicciones siguientes: "**Quando**", en lugar de **cuando**; "**Vezino**", en vez de **vecino**.*

Mensaje bíblico: *«Prov. 10:8: "**El hombre de corazón sabio acepta los consejos, mientras que el pretencioso corre a su perdición**"».*

62 «*SIEMPRE HAY UN ZAPATO VIEJO PARA UN PIE CANSADO*»

Zapatos viejos

Categoría: *Refrán/Frase de sabiduría popular.*

Se refiere: *al amor en la edad madura.*

Significado: *Este refrán está dirigido a las personas de edades avanzadas que se encuentran solteras, y quienes necesitan a alguien que les brinde cariño, apoyo espiritual y amistad, en sus últimos años de vida. Ellas precisan llenar el vacío, que probablemente, dejaron sus anteriores parejas.* **"Siempre hay un zapato viejo para un pie cansado"** *contiene una afirmación; la misma asegura mediante la palabra "siempre", que en algún lugar del mundo existen otras personas en iguales condiciones.*

El zapato viejo simboliza la persona deseada; mientras el pie cansado representa a quien está necesitando y buscando esa compañía. En este refrán, "el zapato viejo y el

263

pie cansado" guardan cierta similitud no sólo en su sentido real de utilización práctica, donde un pie es resguardado dentro de un zapato; también ambos son semejantes en cuanto a su durabilidad (zapato) y tiempo de permanencia (persona).

Desde otro punto de vista, un "zapato viejo" es una prenda de vestir muy usada o deteriorada. Mientras, "un pie cansado" es un órgano del cuerpo humano utilizado durante largo tiempo. Luego, este pie cansado se conforma con tener un calzado que ponerse. Más aún, este clama por uno viejo; una concepción válida y sensata. La misma va acorde a la urgencia, necesidad o circunstancia del momento.

Moraleja: *El nacimiento del amor no lo determina la edad, el color o la clase social de las personas. Este sentimiento puede originarse en un ser humano, a cualquier edad y en cualquier momento de su vida.*

Reflexión: *La vejez no es un obstáculo para el amor; porque el corazón del hombre no tiene edad y las ilusiones nunca mueren.*

Comentario histórico: *Este refrán tiene varias versiones; una de ellas aparece en "El Salvador, Violencia Intrafamiliar". Testimonio de un Grito Silencioso. Por Oscar Martínez de Pénate y Lidia Flores Montalvo; primera edición 2005. En uno de sus testimonios, y refiriéndose a una muchacha llamada Tirsa, quien siempre estaba entre los cafetales, este dice:*

« Por eso su vida se reduce a andar metida en los potreros, en los cafetales. Ay camina hablando sola con una su amiga…porque yo nunca he visto nada…Bien dicen, "Siempre hay un zapato viejo, para una pata podrida". »

En este caso el "zapato viejo" representa la característica de ese artículo, su tiempo útil. Y "una pata podrida" figura a un individuo que carece de salud mental o física, o bien, sin valor humano. De acuerdo a ese artículo, el escritor encontró apropiado exponer "un zapato viejo, para una pata podrida". Eso sucede en innumerables ocasiones y en distintos textos. El escritor modifica el vocabulario de alguna frase hecha, al tema en cuestión.

Mensaje bíblico: *«Salmo 92:12-14: "El justo florecerá como la palmera, crecerá como cedro en el Líbano; en los atrios de nuestro Dios florecerán; aún en la vejez fructificarán; estarán vigorosos y fuertes"».*

63) «TAL PARA CUAL».

Categoría: *Dicho popular.*

Se refiere: *a la igualdad entre personas que piensan y actúan del mismo modo.*

Significado: *De acuerdo a la Declaración Universal de los Derechos Humanos, adoptada por la Asamblea General de la Organización de las Naciones Unidas en el 1953 dice:* **"Todos los seres humanos nacen libres e iguales en dignidad y derecho".** *No obstante, la frase citada arriba y cuyo contenido gramatical reza:* **"Tal para cual"** *sugiere: una persona es igual a otra, cuando esta piensa y actúa del mismo modo que ella. Dicho esto de otra forma, los individuos son iguales, cuando ellos piensan, se expresan y proceden de la misma manera.*

Sin embargo, en la aplicación de esta expresión popular no debemos confundir su mensaje con la igualdad existente entre los humanos; una igualdad de libertad en dignidad y derecho, planteada por la ONU. Partiendo del enunciado de la frase, esa semejanza concierne a quienes manifiestan similares características. Comúnmente, esta frase se aplica a los delincuentes o quienes se comportan mal; pero también, la misma expresión se utiliza de manera graciosa para señalar a dos personas que piensan y actúan de igual forma, como si estas fueran gemelas.

Moraleja: *Los humanos somos iguales en naturaleza física; pero en costumbres y conductas somos diferentes. Cada familia adopta una actitud distinta sobre los aspectos de la vida. Los pensamientos y comportamientos de las personas van a obedecer a su educación en el hogar, buenos o malos ejemplos de su entorno e instrucción escolar.*

Reflexión: *La semilla plantada en tierra mala no da ningún fruto, en poco tiempo se seca. Así son aquellos que se unen para sembrar malignidad, su esencia nunca florecerá, y finalmente morirá.*

Cita relacionada al dicho:

"Todos los hombres nacen iguales; pero es la única vez que lo son".

Abraham Lincoln

(1809-1865)

*Abraham Lincoln (1809-1865); 16th presidente de los Estados Unidos de América dijo: **"Todos los hombres nacen iguales; pero es la única vez que lo son"**. Este adagio de Lincoln se concierne a la forma de pensar y actuar de cada individuo. Eso se resuma a su educación, desarrollo individual, conducta y costumbre. Como expresó Lincoln en esta frase, los humanos nacemos de igual modo; pero luego, cada* *quien escoge su propio "modus vivendi"; su estilo de vida, el cual posteriormente influirá en sus pensamientos y actuaciones.*

Indistintamente e involuntariamente, cada persona va adoptando una forma de ser personal que la caracterizará el resto de su vida. Esta se va formando en su niñez y fortaleciendo en su adolescencia, hasta lograr su completa madurez. Sus aptitudes, preferencias y costumbres, formarán parte esencial de su existencia. De ese modo está hecho el mundo e irremediablemente no lo podemos cambiar. Aunque tomando de modo positivo este adagio de Lincoln podemos decir lo siguiente: En la variedad de todo se encuentra la belleza de la vida.

Sin embargo, la belleza de la vida no sólo la podemos apreciar en la diversidad de humanos, también en la multiplicidad de la naturaleza y el espacio cósmico. Ambos aspectos están íntimamente relacionados y comprometidos con el hombre y su extensión.

Mensaje bíblico: *«Prov. 14:9:* **"Los necios se mofan del pecado; más entre los rectos hay buena voluntad"».**

64) «*TANTO DA LA GOTA EN LA PIEDRA, HASTA QUE LE HACE UN HOYO*».

Gota de agua golpeando una Piedra. Foto: N.C.

Categoría: *Refrán popular.*

Se refiere: *a la insistencia de personas fastidiosas o impertinentes, quienes insisten en hurgar el mismo asunto.*

Significado: "Tanto da la gota en la piedra, hasta que le hace un hoyo" *es un refrán concerniente a las personas impertinentes, quienes están siempre insistiendo o removiendo el mismo asunto hasta provocar cansancio o hastío en otros. Incluso, este tipo de persona provoca la pérdida de paciencia o tolerancia en quienes no los* soportan. Y en casos extremos, ellas producen reacciones extremas en individuos violentos.

En sentido figurado, la ilustración de la gota de agua en este refrán es para significar lo siguiente: el agua, además de ser un líquido que se puede esparcir a su alrededor, también, se puede evaporar. Mencionando a modo de observación, que una gota de agua es pequeña. Entretanto, la piedra es dura y difícil de ahuecar con simples gotitas de agua. Pero la constante caída del agua sobre la roca, le van originando a esta primero, cierta humedad. Con el tiempo, este líquido logra perforar y traspasar su estructura; aún sea a largo plazo. Asimismo sucede con la necedad de los tontos.

Gota magullando una piedra
Foto: N.C.

Moraleja: *La impertinencia de alguna gente suele conducirla hacia conflictos y enemistades. Las únicas perjudicadas son ellas mismas, quienes se convierten en víctimas de su propia actitud.*

Reflexión: *Hay que dejar que cada quien a su modo encuentre su paz. El hombre obstinado no acepta consejos ni sabe de razones. Este sólo se aferra a su propia opinión. Aunque esperanzadamente, este individuo puede aprender de sus errores y cambiar de actitud.*

Cita relacionada al dicho:

"La estupidez es una enfermedad extraordinaria, pero no es el enfermo quien sufre por ella, sino los demás".

Voltaire

(1694-1778)

Voltaire (1694-1778); abogado, escritor, historiador y filósofo francés dijo: "La estupidez es una enfermedad extraordinaria, pero no es el enfermo quien sufre por ella, sino los demás". Voltaire se refirió en este enunciado a las personas fastidiosas. Debido a sus boberías, ellas causan muchas molestias a otras. Este escritor primero expresó: "La estupidez es una enfermedad extraordinaria".

En el comentario anterior, Voltaire asentó la estupidez como una enfermedad; aunque una muy asombrosa por su grado de irracionalidad. Prontamente él también indicó: **"No es el enfermo quien sufre por ella, sino los demás"**. Esto último significa: a las personas necias no les afecta sus boberías; ellas están acostumbradas a manifestar ese comportamiento. No obstante, su mal comportamiento perjudica a otras personas.

Esos fastidiosos sí perturban a quienes están cerca de ellos. Aunque de forma poética o irónica, Voltaire llamó a la estupidez **"una enfermedad extraordinaria"**. Su exposición posiblemente se debió a la reacción sorprendente e incómoda que generan esos individuos.

Mensaje bíblico: «San Juan 3:20; Jesucristo dijo: **"El que obra mal odia la luz, y no va a la luz"**».

65) «*TENEMOS QUE OIR LAS DOS CAMPANAS*».

Campanario de la Catedral de México

Categoría: *Refrán popular.*

Se refiere: *a escuchar las versiones de dos adversarios.*

Significado: *Este refrán concierne a los diferentes conflictos que surgen entre las personas; y específicamente, a escuchar las distintas versiones de los involucrados en los mismos. En este caso, se debe oír los puntos de vista de dos adversarios, quienes en este refrán están representados por* **"dos campanas"**. *Pero su vocabulario además nos indica la existencia de terceras personas, interviniendo en sus discrepancias, quienes además están dispuestas a escuchar las distintas versiones. Luego, ellos determinarán cuál de ellas tiene la razón y quien fue responsable ocasionó el conflicto. Su intervención ayudará a encontrar una solución pacífica que satisfaga a ambas partes.*

Por lo tanto, **"Tenemos que oír las dos campanas"** *significa: varias personas deben escuchar las explicaciones de dos o más individuos involucrados en un problema específico. Su propósito radica en lo siguiente: no parcializarse con ninguna de las partes implicadas en el asunto; porque eso sería algo injusto para quienes pertenecen al lado opuesto. El refrán lo dice claro:* **"oír las dos campanas"**; *y posteriormente, los interlocutores se basarán en cada argumento expuesto por los envueltos en dicha cuestión, de ese modo establecer quién o quienes tienen la razón. Lógicamente, esta frase fue elaborada en sentido alegórico, para ser aplicada en cualquier problema entre oponentes.*

Su literatura asume un plan; este se basa en investigar los motivos que indujeron a una o varias personas a presentar actuaciones conflictivas. Pero, mientras existan personas imparciales, que deseen ayudar escuchando las hipótesis de dos rivales; se podrá determinar quienes tienen razón e indicar a quienes no la tienen. Estos últimos serán los responsables de las disyuntivas creadas.

Moraleja: *Cuando los conflictos entre dos personas son de considerable magnitud es necesaria la intervención de terceros. Esa es una buena forma de resolver, de manera satisfactoria, las desavenencias; principalmente, para evitar consecuencias mayores.*

Reflexión: *La lengua además de pertenecer a una zona importante del cuerpo humano, la boca, constituye un factor determinante en el proceso de deglución de los alimentos. Este órgano también, es esencial para la pronunciación de las palabras. Por lo tanto, con la misma regularidad y cuidado que ella procede durante el tiempo de deglución de los alimentos; de ese mismo modo debemos vigilar y disciplinar su léxico para transmitir nuestros pensamientos apropiadamente.*

Cita relacionada al dicho:

"Los sabios hablan porque tienen algo que decir, los tontos hablan porque tienen que decir algo".

Platón

(428 a. C.-348 a. C.)

*Platón (428 a C.-348 A. C); filósofo griego dijo: **"Los sabios hablan porque tienen algo que decir, los tontos hablan porque tienen que decir algo"**. En el primer segmento de su adagio Platón expresó: **"Los sabios hablan porque tienen algo que decir"**. Él se refirió a los sabios o eruditos, quienes poseen vastos conocimientos a* *nivel general. Cuando ellos se expresan educan a las demás personas. Sus palabras son edificantes, están llenas de sabiduría.*

Mientras en la segunda parte de su nota este filosofo griego expuso: **"Los tontos hablan porque tienen que decir algo"***. Esta última pieza de su locución nos indica la falta de cultura, sensatez o disciplina de los tontos. Ellos dicen palabras vacías, sin fundamento; pero hablan porque sienten la necesidad de decir alguna cosa. Por esa razón, esos bobos emiten palabras sin importancia o que carecen de base de apoyo en cualquier asunto a tratar.*

*Por lo general, las ideas de estos "**tontos**" están fuera de contexto. Estas no aportan algo significativo al tema en cuestión. Luego su emisor cae en lo absurdo o ridículo.*

Mensaje bíblico: *«Prov. 15:1:* **"La blanda respuesta quita la ira; más, la palabra áspera hace subir el furor"***».*

66) «*TIENE CARA DE POCOS AMIGOS*».

Categoría: *Refrán popular.*

Se refiere: *a la expresión fisonómica de una persona.*

Significado: *La cara es la parte más significativa del ser humano. Esta zona del cuerpo define la identidad de cada persona. Por lo tanto, este refrán que expresa:* **"Tiene cara de pocos amigos"** *concierne a una expresión facial de desconfianza, prevención o afectación, de alguien en particular. La apreciación se debe a la manifestación que muestre un rostro. Este puede mostrar pensamientos, sentimientos o emociones. El semblante además puede exteriorizar el carácter de cada quien y revelar su estado de ánimo: alegrías, tristezas o disgustos. Simultáneamente, esas demostraciones de gozos, penas o angustias se reflejan en nuestras caras y otras personas las pueden ver u observar. De igual forma, las facciones pueden exponer compasión, amabilidad o seguridad de las personas.*

Pero en particular, esta frase señala a un personaje, porque el verbo "tener" se encuentra en tercera persona; este dice: **"Tiene cara"**, *refiriéndose a él o ella. Asimismo, y por lo anteriormente explicado arriba, esa persona presenta mediante su fisionomía, desconfianza u hostilidad. De ese modo:* **"Tiene cara de pocos amigos"** *es una apreciación obtenida de un rostro hostil. Por ejemplo, una persona de aspecto rígido, gestos ásperos y conducta antisocial. Su talante puede reflejarse a través de sus tensos músculos faciales y actuaciones. Entretanto, sus ojos podrían ser esquivos y su mirada dura, fija y profunda. Sin embargo ese rostro discrepante, que ciertos individuos presentan, podría cambiar con una simple actitud positiva de alguien, tal como una sonrisa!*

Moraleja: *Algunas personas atraviesan por innumerables dificultades; otras, en cambio, por problemas de salud o momentos de tristezas; y muchas, por privaciones económicas donde las necesidades superan su alegría de vivir. Por la diversidad humana existente y los distintos problemas que cada uno de nosotros maneja durante* nuestro tiempo de vida; todas las personas debemos ayudarnos y comprendernos mutuamente; sobre todo, en situaciones desfavorables.

Reflexión: *Una cualidad negativa podría detener tus planes y llevarte al fracaso; mientras una actitud positiva, con toda seguridad, te conducirá hacia caminos exitosos.*

Cita relacionada al dicho:

"Nunca olvido una cara, pero con la tuya voy a hacer una excepción".

Julius Henry Marx

(1890-1977)

*Julius Henry Marx (1890-1977); actor y humorista estadounidense dijo: **"Nunca olvido una cara, pero con la tuya voy a hacer una excepción"**. Sin lugar a dudas, Marx en esta expresión dejó bien claro su desagrado hacia una persona determinada.*

Este humorista primero expresó: *"**Nunca olvido una cara**"*. En su primera frase Marx se refirió a los detalles que exterioriza el rostro. Realmente, muchas personas son detallistas y no olvidan las fisionomías de la gente que ellas conocen o de quienes la rodean.

Otros poseen buena memoria, y aunque ellos no se detengan a observar cada detalle de una cara no la olvidan; la recuerdan de forma general. Sin embargo, en el siguiente segmento de la expresión Marx indicó: *"**Pero con la tuya voy a hacer una excepción**"*. Esa decisión de Marx posiblemente correspondió a una mala experiencia con alguien en específico, quien motivó su expresión. También pudo tratarse de un individuo repugnante u odioso a tal punto, que este humorista no quiso recordar o más bien, él prefirió olvidar sus facciones físicas; por consiguiente, su persona.

El mensaje de esta expresión de Marx es significativo. Debido a que partiendo del carácter o simpatía que cada quien muestre, así será deseado, querido o recordado. Pero del mismo modo, cuando alguien muestra antipatía o mala educación, así será mal visto o menospreciado. Porque indiscutiblemente, nadie en absoluto quiere estar cerca de alguien de mal carácter o actitud. Mientras, el cariño y aprecio se ganan con buena voluntad; el desprecio o descrédito se obtienen por signos de mala educación, odio, hostilidad o rivalidad.

Frecuentemente, tanto en el aspecto positivo como en el negativo, esas reacciones se generan entre familiares, amigos, compañeros de trabajos, deportes, etc. Es el buen vivir de una persona que atrae la atención, respeto o admiración de los demás, y no su mala actitud, incompatibilidad o discordia con otros seres humanos.

Mensaje bíblico: «*Salmos 43:3: "**Envía tu luz y tu verdad, estas me guiarán, me conducirán a tu santo monte, a tus moradas**"*».

67) «*TODO EL MUNDO ES BUENO, HASTA QUE SE DEMUESTRE LO CONTRARIO*».

Categoría: *Refrán popular.*

Se refiere: *a la naturaleza humana.*

Significado: *Este es un refrán muy conocido entre los latinos. Se refiere a la esencia humana que habita en cada uno de nosotros. En su primera parte, este dicho afirma y establece lo siguiente:* **"Todo el mundo es bueno"**. *Eso significa: la naturaleza de todos los seres humanos es noble, por esa causa poseemos buenos sentimientos. Ese es un regalo Divino que traemos al nacer, pero este puede cambiar o desaparecer durante nuestro tiempo de vida. En ese sentido, existen responsables de esos cambios. Uno de ellos radica en las situaciones adversas que enfrentamos día a día.*

Esos escenarios hostiles hacen que en la gente se apague su luz interior. De ese modo los niños pierden su pureza; los adolescentes su ingenuidad; y los adultos su fe. En síntesis, las diferentes situaciones van transformando la noble naturaleza del ser humano. Volviendo al refrán, su segunda pieza expone una condición, esta expresa: **"Hasta que se demuestre lo contrario"**. *Paradójicamente, esta frase se encuentra dentro del mismo contenido gramatical del refrán en cuestión. La misma siembra la duda acerca de la confiabilidad en las personas. Aún más, su vocabulario deja abierta una posibilidad: podemos descubrir a alguien con malas intenciones.*

En otras palabras, su enunciado nos estimula a no creer infaliblemente que todas las personas son buenas, antes cada quien debe demostrar su bondad u honestidad. Pero también, esa última frase del refrán se podría aceptar solamente para distinguir las personas confiables de las que no lo son. Por otra parte, quienes han tenido serios problemas con personas no confiables aplican esta locución, pero de manera inversa. Ellos dicen: **"Todo el mundo es malo hasta que se demuestre lo contrario"**. *De acuerdo a su expresión, todos debemos mostrar buenos sentimientos para ser considerados "seres buenos".*

Moraleja: *Los seres humanos poseemos en nuestro interior tesoros invaluables: nuestros sentimientos para concebir la emoción, nuestro corazón para sentir amor y el alma para recibir lo más sublime de nuestro ser. No podemos perder ese caudal tan valioso. Este representa nuestro núcleo de vida, lo mejor de cada uno de nosotros.*

Reflexión: *Las diferentes situaciones y ciertas adversidades que atraviesa la gente pueden transformar la autenticidad de su naturaleza humana. Algunas personas se convierten en seres malvados y pierden totalmente su luz interior. Otras se tornan duras o frías; pero ellas todavía conservan un foco medio apagado dentro de sí, el cual podría encenderse de nuevo, si ellas cambian su mala actitud. Y existen, aunque muy pocos, quienes mantienen su original rayo luminoso. Estos últimos son quienes no perdieron su esencia, a pesar de atravesar por múltiples vicisitudes.*

Cita relacionada al dicho:

"Creemos, sobre todo, porque es más fácil creer que dudar; y además, porque la fe es hermana de la esperanza y caridad".

Alexandre Dumas (padre)

(1802 - 1870)

Alexandre Dumas / Padre (1802 - 1870); escritor, dramaturgo y novelista francés dijo: **"Creemos, sobre todo, porque es más fácil creer que dudar, y además, porque la fe es hermana de la esperanza y caridad".** *Esta expresión de Dumas se refiere a la confianza. Dumas inició su frase de este modo:* **"Creemos, sobre todo, porque es más** *fácil creer que dudar"*. Este famoso intelectual expresó, que es más cómodo para nosotros creer, que sentir el martirio de la duda; un efecto molesto en nuestro interior que nos podría causar daño espiritual. Luego, Dumas agregó: **"Y además porque la fe es hermana de la esperanza y la caridad"**.

Este último fragmento de su pensamiento explica lo siguiente: además de ser más fácil creer; nosotros creemos por la confianza que depositamos en otras personas. Luego, esa confiabilidad está íntimamente vinculada a **"la esperanza y la caridad"**; ambas mencionadas por Dumas en esta cita. Del escenario que ha mostrado este brillante escritor podemos decir lo siguiente: algunas personas optan por posiciones cómodas; ellas no les otorgan mayor importancia a los detalles reveladores de los demás. En cambio, otras, cuando notan algo extraño no se conforman e investigan hasta estar seguras de la verdadera identidad de los individuos que las rodean.

Adicionalmente a los casos expuestos arriba, también existen quienes no creen nada, bueno o malo, aún cuando las pruebas sean evidentes. Estos son los escépticos. Esa gente es difícil de convencer o satisfacer.

Mensaje bíblico: «*Prov. 10:32:* **"La bondad se hospeda en los labios del justo y la corrupción, en la boca de los malvados"**».

68) «TORRES MAS ALTAS SE HAN CAIDO».

Torres gemelas impactadas
9/11/2001

Categoría: *Refrán popular.*

Se refiere: *a los resentimientos que abrigan ciertas personas.*

Significado: "Torres más altas se han caído"; *este refrán de manera figurada indica claramente su propósito. Este trata deseos malsanos. Muchos de ellos surgen por los resentimientos que albergan algunas personas hacia otras, eso las conduce a desearles lo peor. Evidentemente, esta frase muestra el pensamiento de quien, por alguna razón, se encuentra herida o molesta. De acuerdo al texto de la frase, el mensaje está dirigido a alguien que desempeña una posición empresarial significativa o posee un nivel social de importancia.*

A esos niveles empresariales y sociales se refiere este refrán cuando alude a las "Torres". Estas son construcciones cilíndricas o prismáticas, más altas que anchas. Por otro lado, los rencores tienen lugar debido a que algunos individuos hacen alarde de su posición de prestigio y su actitud puede molestar a otros. En ocasiones, algunos directores, jefes o gobernantes, se llenan de vanidad u orgullo tratando a sus subalternos de forma despectiva. En cualquiera de los casos antes citados, quienes expresan este dicho son personas que desean ver a esos personajes abatidos o humillados.

Moraleja: *Debemos desear el bien a quienes nos desean mal. De esa forma, lo negativo permanece con ellos y lo positivo con nosotros. Lo más importante es dejar a esos individuos sin aliados.*

Reflexión: *Ninguna persona es tan inferior que merezca ser humillada; y ningún hombre es tan superior, que se permita humillar; porque todos los seres humanos poseemos la misma naturaleza, disfrutamos de igual autonomía de dignidad y justicia; y además tenemos la misma libertad de expresión y acción.*

Torres gemelas antes de ser Impactadas. Foto de: N.C.

Cita relacionada al dicho:

"El orgullo de quienes no pueden edificar es destruir".

Alexandre Dumas (padre)

(1802 - 1870)

*Alexandre Dumas /Padre (1802 - 1870); escritor, dramaturgo y novelista francés dijo: **"El orgullo de quienes no pueden edificar es destruir".** Este adagio de Dumas está dirigido a las personas de malas intenciones. Este escritor emitió esta frase a quienes son incapaces de producir cosas buenas; en cambio, ellos se sienten felices y triunfadores cuando ocasionan algún daño. Su presunción radica en vencer, aunque para eso tengan que arrastrar a otros hacia la desdicha.*

*De acuerdo a esta expresión de Dumas, esos individuos se sienten satisfechos cuando arruinan la vida de alguien o destruyen cosas valiosas. Su mala actitud se debe a que ellos poseen mentes enfermizas. Muchas veces estas personas están llenas de ideas o creencias mal infundadas; en algunos casos, con traumas y frustraciones. Pero, en definitiva, cuando un ser humano se siente **"orgulloso al destruir"** es por una de las siguientes causas: está mentalmente enfermo, alberga muchos odios y resentimientos en su alma o le ha faltado amor y comprensión.*

Mensaje bíblico: «*Salmo 23:4:* **"Aunque ande en valle de sombra de muerte, no temeré mal alguno, porque tú estarás conmigo; tu vara y tu cayado me infundirán aliento"**».

69) «*UNA ATENCIÓN VALE MUCHO Y CUESTA POCO*».

Rosas rojas/Foto de N.C.

Categoría: *Refrán popular/Frase de sabiduría popular.*

Se refiere: *a la demostración de amor, cortesía o distinción.*

Significado: *De manera directa, el vocabulario de este refrán establece una observación. Su mensaje está dirigido a las demostraciones de cariño realizadas a nuestros seres queridos o hacia quienes sentimos un especial aprecio.* **"Una atención vale mucho y cuesta poco"** *nos sugiere hacer exposiciones de afectos a los demás,* *sin distinción alguna, tal como: una sonrisa, mantener la puerta abierta para que otro u otros entren o salgan de cualquier establecimiento comercial.*

Las exposiciones mostradas arriba son atenciones que se valoran y no valen nada; solamente estas requieren de nuestra buena intención. Otro aspecto de este refrán es, apoyar moralmente a alguien en un momento de tristeza. Esa es una atención muy valiosa, a nivel moral. Trasladándonos luego al sistema laboral, en este existen diversas formas de atención que un jefe puede aplicar a su empleomanía. Las mismas pueden motivar positivamente a sus trabajadores en la ejecución del buen desempeño de sus funciones. Por ejemplo: una distinción o un reconocimiento laboral. Esas son gentilezas que estimulan al trabajador a una mejor producción.

*Esos simples ejemplos de atenciones arriba citados son significativos, sobre todo, porque estos fortalecen moralmente a las personas. Además, esos son actos efectivos que no se olvidan. Como dice este refrán, esas declaraciones de cariño **"cuestan poco"**; principalmente, porque su única inversión reside en nuestra disposición y buena voluntad; no en el interés monetario de la adquisición de dinero u objetos materiales caros.*

Moraleja: *Las manifestaciones de cariño o cortesía son de gran valor para nuestra armonía familiar. Incluso, esas atenciones se podrían extender más allá de nuestro círculo familiar y amistoso; abarcando a personas desconocidas. De hecho, a todos nos gusta recibir atenciones; y estas no necesariamente deben estar relacionadas a obsequios que poseen valores monetarios. La generosidad y simpatía juegan un papel importante en el aspecto humano y social. Estas nos ayudan a manifestar el ser Divino que reside en nosotros.*

Reflexión: *Una atención amigable es una demostración de solidaridad humana, que siempre inspira amabilidad y respeto hacia quien la provee.*

Cita relacionada al dicho:

"Este axioma a toda hora habrás de meditar, la ciencia de vivir es el arte de amar".

Rubén Darío
(1867-1916)

Rubén Darío (1867-1916); escritor, poeta, diplomático y periodista nicaragüense dijo: **"Este axioma a toda hora habrás de meditar, la ciencia de vivir es el arte de amar".** *Rubén Darío se estaba refiriendo en esta idea, al amor. El arte de amar es el que aprendemos desde niños. Este se inicia con el amor maternal y se extiende hasta* *alcanzar el amor conyugal. Luego, este se amplía hacia los hijos abarcando además, a los amigos. Asimismo, el amor a Dios, la vida, naturaleza y al mundo. Este arte de amar Rubén Darío lo llamó:* ***"La ciencia de vivir".***

Mensaje bíblico: *«Filipenses 1:9:* ***"Esto ruego, que vuestro amor abunde aún más y más"».***

70) «UNA FRUTA PODRIDA DAÑA TODAS LAS DEMÁS».

Variedad de manzanas, Foto: N.C.

Categoría: *Refrán popular/Frase de sabiduría popular.*

Se refiere: *a los delincuentes.*

Significado: *es un hecho, que una fruta dañada puede contaminar las que están a su alrededor; esas a su vez arruinan otras cercanas a ellas, y así sucesivamente. En esta página se presenta un refrán con un argumento evidente que demuestra su veracidad. Este enuncia lo siguiente:* **"Una fruta podrida daña todas las demás"**; *algo real en cuanto a las frutas. Luego, en el plano humano y en sentido alegórico ese refrán está destinado a los delincuentes. Este vocablo proverbial significa: quienes acostumbran* realizar actos delictivos constituyen un gran peligro para la sociedad. Generalmente, el nivel de corrupción de estos individuos supera las expectativas de las mentes sanas.

Estos delincuentes (**fruta podrida**) pueden filtrarse entre personas honestas, y lograr asociarse con ellas con el firme propósito de corromperlas (**daña todas las demás**). Esta demostración es aún más peligrosa, cuando esas **"frutas podridas"** logran introducirse en círculos sociales donde abundan adolescentes o jóvenes sin malicia. Ellos son las presas más fáciles de esos bandidos sin escrúpulos. Por otra parte, esos pervertidos desprestigian la comunidad donde viven y la sociedad a la cual ellos pertenecen. En las áreas laborales, ellos pueden degenerar a los demás trabajadores. Por demás decir, esos individuos desmeritan la institución donde trabajan.

Moraleja: *Los delincuentes son una clase de plaga que debemos exterminar, para evitar que ellos contaminen a jóvenes inocentes.*

Reflexión: *Una sola persona que muestra integridad enaltece al resto de la humanidad.*

Mensaje bíblico: «*Génesis 96:* ***"El que derramare sangre del hombre, por el hombre su sangre será derramada"***».

71) «*VIENE CON EL PAN DEBAJO DEL BRAZO*».

Pan
Foto: N.C.

Categoría: *Refrán popular/Frase de sabiduría popular.*

Se refiere: *a los niños.*

Significado: "Viene con el pan debajo del brazo" *es un refrán antiguo y muy controversial. Un tema que ha sido motivo de un sinnúmero de polémicas. Sus cuestionamientos se deben a las malas condiciones de vida que presentan las clases humildes en todo el mundo. Sin embargo, el nacimiento de un bebé siempre ha sido motivo de alegría en todos los hogares; incluso, en las familias de bajos recursos económicos.*

Por otro lado, esta es una creencia muy antigua, que más bien parece una fábula extraída de alguna mitología de siglos anteriores. Debido a que contrario a esta locución, la mayoría de las personas (excepto algunas privilegiadas) deben trabajar y esforzarse para obtener sus sustentos diarios y el de sus familias; y así ha sucedido desde el inicio de la humanidad. No obstante, este dicho expresa que cada niño **"viene con el pan debajo del brazo".**

La frase mostrada arriba es afirmativa. Esta expresa que cada ser humano trae consigo todo lo necesario para vivir. El mensaje que transmite este refrán significa: todos los seres humanos tenemos asegurada nuestra alimentación. Desde que el pan representa el alimento de los humanos; pero también, este articulo de primera necesidad podría simbolizar la solución a todos nuestros problemas. ***Hablando de la generalidad y no de las excepciones, lamentablemente, la declaración de esa expresión no es cierta***.

Inverso al concepto de este refrán, una persona debe ser alguien productivo, quien debe trabajar y ganar dinero para sustentar sus gastos, entre los cuales figura comprar provisiones necesarias para su subsistencia. Paralelamente, si este humano ha procreado hijos tendrá que esforzarse aún más, para respaldarlos en todo lo que ellos necesiten. Si alguien no acata este comportamiento, entonces, este individuo atravesará por incalculables calamidades. Exceptuando, a los incapacitados, quienes tendrían que recibir ayuda adicional de sus familias o los gobernantes de sus países.

Alegóricamente, el mensaje de este refrán podría estar enfocado hacia la esencia de la vida misma, que cada ser humano posee y trae consigo al nacer. Asimismo, su léxico podría estar dirigido a la utilidad y productividad que una vida simboliza. De todas formas, el nacimiento de un niño además de colmar de alegría la vida de sus padres, también es un estímulo para toda la familia, la cual cuenta con un miembro más que los acompañará, apoyará y ayudará en momentos de alegrías o tristezas.

Moraleja: *Solamente la alegría que produce a la familia la llegada de un bebé vale más que todas las cosas materiales del mundo. Este ser es creado por el hombre para convertirse luego, en otro hombre. La creación de una vida que se integra a la Familia Humana es ¡una bendición de Divina!*

Reflexión: *Las provisiones divinas son inmensas e incalculables.*

Comentario histórico: *Desde las primeras épocas de la historia de la humanidad hasta los siglos XV, XVI y XVII era motivo de alegría y festejo el nacimiento de un niño* **varón***. De hecho, todos los hombres preferían tener hijos hombres en el hogar. Debido a que en esos tiempos, el concepto del trabajo era primordial para la familia. Por lo tanto, mientras más machos habían en casa, más recursos financieros se podían obtener. Además, la idea de un hijo varón era una concepción cabalística. Mucha de esa gente consideraba un hijo varón una providencia Divina, un regalo de Dios que traía al hogar bendiciones. Ellos relacionaban la llegada de ese niño, a la salud y prosperidad económica de la familia. De tal forma, las familias celebraban su nacimiento con gran entusiasmo. En este tema vale mencionar los dos países más radicales respecto al nacimiento de hijos varones,* **China** *y* **Turquía***. En esos países la llegada de las niñas era causa de desilusión. Aunque después ellas se aceptaban; porque contribuían en los quehaceres del hogar.*

En esos siglos antes mencionados, todas las personas, sin excepción alguna, debían esperar nueve meses el nacimiento de su bebé para conocer su sexo. En ese entonces, la gente no contaba con los avances tecnológicos que disfrutamos hoy día; tal como el **Ultrasonido***, el cual a temprano ciclo de gestación puede mostrar los genitales del bebe y determinar su género. También debemos recordar que en esos tiempos el concepto de educación no estaba tan definido. La instrucción académica no era accesible a los distintos sectores sociales; y eso incluía a todas las naciones.*

Sólo los hijos de los nobles adquirían una cultura general. Ellos recibían clases particulares y especiales de los sabios de esos tiempos.

Mensaje bíblico: *«Mateo 6:25; Jesús dijo:* **"Mirad las aves del cielo como ellas no siembran, ni siegan, ni recogen en graneros; y vuestro Padre Celestial las alimenta ¿No valéis vosotros mucho más que ellas?"***»*.

72) «*YO HAGO DE TRIPAS, CORAZÓN*»

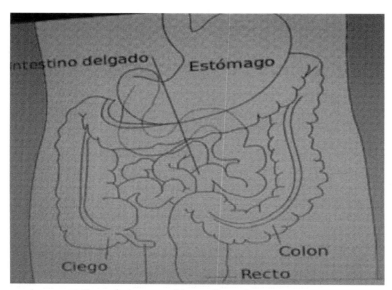

**Sistema intestinal de:
William Crochot**

Categoría: *Refrán proverbial.*

Se refiere: *a mantener la resistencia necesaria afrontando situaciones difíciles.*

Significado: *Esta refrán en la base de su contenido expresa esfuerzos, sacrificios y suficiente coraje para enfrentar las adversidades que nos originan momentos difíciles. La frase se elaboró tomando el corazón, por ser este un miembro esencial del hombre. Pero además, siempre se ha considerado que en este órgano se originan los sentimientos humanos. En términos generales,* **"Yo hago de tripas, corazón"** *significa lo siguiente: tener valor en medio del dolor, sufrimiento o desesperación para superar moralmente las calamidades.*

Particularmente, este refrán está construido usando el pronombre personal "yo" y la primera persona del verbo "hacer". Guiándonos por esa premisa podemos instituir, que a nivel personal quien está expresando esta locución se encuentra atravesando situaciones muy dolorosas o espinosas, quizás ambas a la vez. Pues bien, en su inicio esta locución expresa: **"Yo hago de tripas"** *(se denominan tripas al conjunto de intestinos de los mamíferos). La frase señala claramente, un corazón destrozado por algún motivo.*

Imaginemos entonces, que tomar esas tripas para formar o construir un **"corazón"***; realmente debe ser una labor complicada; pero magistral, si alguien logra realizarla. Luego, en sentido alegórico este refrán transmite un profundo dolor, donde la persona que habla está haciendo un esfuerzo sobre humano para mantenerse en pie, sobrellevando ese mal momento. Ciertamente, existen situaciones complicadas en las cuales, la gente debe llenarse de valentía para poder afrontarlas apropiadamente, y esperanzadamente salir exitosa.*

Moraleja: *Son muchos los problemas que pueden afectar profundamente a un ser humano. Incluso, algunos de esos podrían dejar sin vida a alguien. En esos momentos es preciso acudir a la fortaleza espiritual que todos tenemos. Esa energía positiva nos ayuda a superar las adversidades que nos golpean y tratan de destruirnos.*

Reflexión: *Cuando una vela empieza a quemarse, su materia se va derritiendo. Sin embargo, su balanceo nos indica, que ella está gozosa realizando su trabajo. A pesar de saber que se destruirá al final de su jornada. No obstante su destrucción, esa vela está cumpliendo su misión iluminando el habitad de otros. Así, debemos responder los humanos ante situaciones difíciles, sin lamentarnos. Todo lo contrario, sintiendo satisfacción; porque esas circunstancias sólo nos enseñan un aspecto más de la vida que debemos aprender enfrentándolo con valor y sabiduría.*

Definitivamente aprendamos de las velas, y en vez de ponernos a llorar frente a las vicisitudes que se nos presentan, debemos alegrarnos de estar vivos. Sintámonos privilegiados y satisfechos cada vez que venzamos las crudezas de la vida que nos tocan. Porque partiendo de la existencia humana todos debemos atravesar distintas etapas y situaciones. Estas nos permiten avanzar en este camino terrenal. Luego pensemos: otros hermanos vienen detrás de nosotros, y nuestro avance les permite adelantar su recorrido.

Si no cumplimos nuestra misión, entonces, nosotros estaremos creando lo siguiente: a) retrasando el progreso espiritual de un grupo de personas; b) obstaculizando su sendero; c) agravando su estadía en la tierra. En cambio, si efectuamos todas las labores que nos han sido asignadas, además de las que nos hemos propuesto realizar, habremos cumplido nuestra misión de vida. Posteriormente, al volver la mirada hacia atrás recordaremos los arduos momentos vividos, pero sin sentimientos de aflicción. Porque mientras más grande sea la prueba, mayor será nuestro gozo espiritual y recompensa.

Alexander Fleming (1881-1955)

Comentario histórico: *En el 1922 Alexander Fleming (1881-1955); científico escocés descubrió una enzima antimicrobiana: la Lisozima. Esta proteína mata las bacterias, sin afectar los glóbulos blancos. Su hallazgo se produjo debido a que una noche Fleming, afectado por el estrés que le estaban produciendo sus experimentos empezó a llorar desconsoladamente, y sus lágrimas cayeron sobre una de sus buretas (Tubo largo de vidrio utilizado en laboratorios para determinar volúmenes). Al siguiente día él observó el lugar donde habían caído sus lágrimas, allí se encontraba la bureta mostrando una especie de vacío.*

Esa manifestación le hizo pensar que las lágrimas podían poseer propiedades. Fue así como Fleming se dispuso a analizar ese líquido lagrimal descubriendo así la Lisozima. Esta enzima ha sido muy útil en el campo médico, porque ayuda a combatir las infecciones. **La Lisozima se encuentra en las lágrimas, la saliva y el moco.** *Luego se descubrió, que esta enzima está presente en la* **clara de los huevos**. *Además, esta es utilizada para el control de las bacterias lácticas de los vinos.*

Mensaje bíblico: «*Salmos 71:20,21:* **"Tú, que me has hecho ver muchas angustias y males, volverás a darme vida, y de nuevo me levantarás de los abismos de la tierra. Aumentarás mi grandeza, y volverás a consolarme"**».

73) «YO SÉ DONDE ME APRIETA EL ZAPATO».

Categoría: *Refrán antiguo y popular.*

Se refiere: *a los problemas personales.*

Significado: *El refrán citado arriba es muy antiguo y popular. El mismo trasmite su mensaje exponiendo un ejemplo posible, como es el caso de una molestia física. En este tema tenemos el disgusto que produce un zapato, apretando el pie de alguien. Por lo tanto,* **"Yo sé donde me aprieta el zapato"** *literalmente significa: quien calza esta prenda de vestir es la única persona capaz de sentir la incomodidad o comodidad que esta produce. En sentido alegórico, la misma locución quiere decir: cada quien sabe la profundidad de su problema. Solamente quien está sintiendo y soportando una difícil situación puede manejarla, controlarla o liberarla, si es posible. De ese modo terminaría su sufrimiento.*

Moraleja: *Cada quien conoce la gravedad o importancia de sus asuntos personales, y por tanto sabe la mejor forma de manejarlos o solucionarlos.*

Reflexión: *Las diferencias entre parejas deben manejarse mediante la compresión, no a través del carácter o la agresión. Porque la felicidad no se construye sobre los cimientos de momentos felices, sino mediante la capacidad mental y fortaleza espiritual para sobrellevar las dificultades de la vida. Esas condiciones nos permiten manejar, controlar o subsanar los críticos momentos que suelen acontecer en una unión conyugal.*

Un tiempo adverso no debe determinar el futuro de un matrimonio. Los momentos difíciles deben unir, aún más, a las parejas en vez de separarlas. Porque esos son periodos discrepantes de confusiones y tristezas; pero cuando los enfrentamos con amor y valor, estos nos ayudan a fortalecer y fructificar nuestros vínculos afectivos. Además, una pareja unida puede vencer todos sus obstáculos y lograr la felicidad de toda su familia.

Plutarco (46 a. C. – 120 a. C.)

Comentario histórico: *Plutarco (46 a. C. – 120 a. C.), cuenta en su obra titulada:* **"Vidas Paralelas"**, *un patricio romano llamado Paulo Emilio; un hombre respetable por su alto sentido de justicia, decidió separarse de su joven y bella esposa de nombre Pipiria, al parecer sin alguna causa aparente. Pipiria, además, era la madre de sus dos hijos. Cuando sus amigos se enteraron de la separación entre ellos, todos fueron a preguntarle a Paulo Emilio el porqué de su actitud. Entonces, él con una sonrisa en sus labios y señalando sus zapatos les respondió:*

"¿Han visto ustedes pieza más fina y bien trabajada que ésta? *Pues,* **yo sólo sé dónde me aprieta".** *Con su respuesta él les significó lo siguiente: los problemas personales solamente quien los está padeciendo sabe su gravedad y la mejor forma de manejarlos o resolverlos. La sabia respuesta de ese patricio se convirtió prontamente en un dicho popular.*

Zapato elegante de anaquel

Mensaje bíblico: «*Eclesiastés 7:14:* **"En el día del bien goza del bien; y en el día de la adversidad considera. Dios hizo tanto lo uno como lo otro, a fin de que el hombre nada halle después de él"**».

74) «*YO SOY DE MONTE Y TIERRA LLANA*».

Monte hérnicos desde la acrópolis de Alatri; Europa

Categoría: *Refrán/Adagio popular.*

Se refiere: *a la sencillez.*

Significado: *Este refrán declara alegóricamente la sencillez de alguien que hace el siguiente comentario:* **"Yo soy de monte y tierra llana"**. *Mediante esta expresión esa persona está indicando, que es sencilla, adaptable a cualquier lugar, condición o situación de índole económica o social. Esta frase establece una comparación entre el* **"monte y la tierra llana"**. *Literalmente, el monte es un lugar montañoso, cubierto de árboles y/o arbustos, donde se pueden localizar ciertos animales. Pero en esta* *expresión el monte simboliza, las zonas rurales, silvestres y campesinas; áreas apartadas de las urbes de una nación.*

*Pero esos lugares antes descritos son opuestos a la **"tierra llana"**, la cual representa las zonas urbanas, la civilización de un país; territorios propios para el habitad del hombre. Como se expresó en el inicio de este párrafo, esta frase sólo la puede decir una persona humilde: de mente sana y corazón generoso. Porque la mayoría de gente no se adapta a la escases; pero si a la abundancia. Porque es más fácil y agradable vivir entre riquezas y comodidades, que en medio de una terrible pobreza. El léxico de este refrán lo convierte en una locución significativa; porque a través del mismo podemos establecer diferencias entre las personas.*

En general, las personas de los últimos siglos buscan bienestar y progreso. Incluso, muchas de ellas podrían estar atravesando por innumerables penurias, pero estas mantienen su espíritu de superación. Son bastantes las que logran salir adelante y alcanzan sus objetivos. Concretamente, este refrán se adapta a los misioneros, sacerdotes, pastores de iglesias; así como a la gente bondadosa. Asimismo, a quienes en tiempos difíciles olvidan su posición social, adaptándose a cualquier momento adverso. Por otra parte, del contexto de este refrán cabe destacar su mensaje: la idea de humildad y sencillez que mora en cada uno de nosotros los seres humanos; pero usualmente las olvidamos.

Moraleja: *La sencillez es una cualidad humana muy preciada. Esta distingue a quien la posee.*

Reflexión: *Cada experiencia vivida fortalece al hombre.*

Cita relacionada al dicho:

"Yo vengo de todas partes, y hacia todas partes voy. Arte soy entre las artes; y en los montes, monte soy".

José Martí

(1853-1895)

José Martí (1853-1895); escritor, poeta, filósofo, periodista, político y masón cubano dijo: **"Yo vengo de todas partes, y hacia todas partes voy. Arte soy entre las artes; y en los montes, monte soy".** *Este adagio de José Martí se refiere a la actitud positiva y la sencillez. Su reflexión nos sugiere también, mantener nuestro espíritu de humildad* en todo momento. En la primera pieza de su expresión Martí expresó: *"Yo vengo de todas partes, y hacia todas partes voy"*.

Esa parte de su pensamiento proyecta la natural simpleza que debemos mantener hacia todos los contextos de la vida. Destacando, esa frase de Martí es el reflejo de su amplia cultura. De acuerdo a esa expresión, él poseía habilidad para moverse de un lugar a otro sin problema alguno. Realmente su reflexión lo declara un ser genuino, sin dobleces, capaz de compartir con individuos de diferentes orígenes étnicos y clases sociales. Inmediatamente, Martí añadió a la exposición de su pensamiento lo siguiente: *"Arte soy entre las artes"*. Esto significa, él tenía la suficiente capacidad para manejar diferentes facetas artísticas.

En seguida, él ultimó su idea expresando: *"Y en los montes, monte soy"*. Contrario a la idea expuesta arriba, Martí indicó en esa última locución, que él era un hombre sencillo capaz de compartir con gente humilde de la misma forma que él lo hacía con profesionales. Martí gozaba de una mente abierta, por eso sus proyecciones, objetivos y aspiraciones no eran limitados. Así como Martí sabía muy bien la manera correcta de conducirse a nivel urbano; también él conocía el modo apropiado de actuación en zonas rurales. Para Martí no existían diferencias entre zonas urbanas y rurales; por lo tanto, entre clases sociales.

Este famoso escritor se sentía cómodo en ambos escenarios. Este pensamiento de Martí es propio de quienes poseen un amplio sentido de dignidad, espíritu noble y sensibilidad. Esas cualidades ayudan a quien las posee a actuar con flexibilidad y justa medida en las diversas circunstancias de la vida.

Mensaje bíblico: *«Jesús dijo:* **"Bienaventurados los pobres en el espíritu porque de ellos es el Reino de los Cielos"»**.

75) «*YO SOY UNA TUMBA*».

Sarcófago de Fernando VII

Categoría: *Refrán popular.*

Se refiere: *a la discreción.*

Significado: "Yo soy una tumba" *es un refrán que representa la discreción. Por tal razón, esta frase en sentido figurado se refiere a los secretos, intimidades y asuntos privados que no deben ser revelados. Estos no se pueden publicar porque podrían colocar a alguien en situaciones embarazosas o poner en riesgo su vida. Esta expresión alude a las confidencias. Una vez que estas se les dicen a un familiar o amigo de confianza, este debe mantener a discreción esa confesión. De tal forma, que este no debe comentársela a nadie. Más bien, el partícipe de dicho secreto debe archivarlo en su memoria para proteger al confidente. Tal y como sugiere esta locución, debemos tratar los secretos como si estuvieran enterrados en una Tumba.*

En relación a la confidencialidad podemos citar diversos ejemplos de personas que creemos son honestas y en quienes podemos confiar. En esta categoría tenemos: A) algunos individuos de personalidad confiable, capaces de guardar un secreto, sin divulgarlo a los demás. Por ese motivo, muchos de sus amigos les confiesan sus travesuras e intimidades. B) Quienes son de caracteres reservados, por tales razones ellos inspiran confianza y muchos les confían ciertas cosas de sus vidas privadas. C) Estos últimos son los chismosos que dicen: **"Yo soy una tumba"** sólo para que todos confíen en ellos y les cuenten lo que mantienen oculto. De ese modo, ellos satisfacen su curiosidad y, al mismo tiempo, se enteran de todos los "secretos" de sus familiares y amigos.

No obstante los modelos presentados anteriormente, **sí existen los que realmente son una Tumba; pero esas personas son difíciles de encontrar**.

Moraleja: *Los secretos son como su nombre lo indica, secretos. Por lo tanto, estos no deben ser revelados, porque únicamente estarán seguros en poder de quien los posee.*

Reflexión: *La discreción es una cualidad muy apreciada por todos. Sin embargo, si quieres lealtad debes tratar a los demás con honestidad y respeto; ¡definitivamente verás milagros!*

Cita relacionada al dicho:

"Si quieres que tu secreto sea guardado, guárdalo tú mismo".

Séneca
(4 a. C.- 65 d. C.)

Lucio Anneo Séneca (4 a.C.-65 d.C.); escritor, filósofo romano dijo: **"Si quieres que tu secreto sea guardado, guárdalo tú mismo".** *Mediante esta frase Séneca se refirió a la discreción. Él claramente sugirió no revelar nuestros secretos a otras personas. Las confidencias no se le deben confiar a nadie. Estas sólo estarán seguras si son guardadas y protegidas por la misma persona que las posee.*

Mensaje bíblico: «*Prov. 25:9:* ***"Trata tu causa con tu compañero, y no descubras el secreto a otro"***».

EL PRIMER DICHONARIO

DE

AMÉRICA
COLECCIÓN UNIVERSAL DE DICHOS

Vol. II

Nelfa Chevalier

REFERENCIAS DE LOS DICHOS

REFERENCIAS DE LOS DICHOS

1- "Abre los ojos".

Real Academia de la Lengua Española.

Conabio. 2009. Catálogo taxonómico de especies de México. 1. In Capital Nat. México. Conabio, México City.

Correa A., M.D., C. Galdames & M. Stapf. 2004. Cat. Pl. Vasc. Panamá 1-599. Smith sonian. Tropical Research Institute, Panamá.

Tribulus Terrestris; Wikipedia Enciclopedia Libre.

Abrojos. Santiago de Chile: Imprenta Cervantes, 1887.

2- "A caballo regalado no se le mira el colmillo".

Asociación Americana de Médicos Veterinarios (American Veterinary Medical Association).

Cita: Albert Einstein (1879-1955); físico-científico alemán, nacionalizado suizo y estadounidense.

3- "A Dios rogando y con el mazo dando".

Miguel de Cervantes: "El Quijote de la Mancha"; Tomo II, Cap. XXXV, Pg. 801.Juan de Mal Lara (1524-1571); humanista, poeta y dramaturgo español, escribió sobre este dicho, en el 1568, en su libro titulado: "Filosofía Vulgar".

Cita: San Antonio de Padua (1195-1231); sacerdote católico de la Orden Franciscana, predicador y teólogo portugués.

4- "A hombros de gigantes".

Expresión creada por Isaac Newton, científico, físico, alquimista, matemático y filósofo inglés.

Cita: Isaac Newton (1643-1727); científico, físico, alquimista, matemático y filósofo inglés.

5-"Al dedo malo todo se le pega".

Dicho popular sin procedencia histórica.

Cita: Herófilo de Cos (382 a. C.-322 a. C.); médico de la antigua Grecia.

6- "Al que le pique, que se rasque".

Dicho popular sin procedencia histórica.

Cita: Miguel de Cervantes Saavedra (1547-1616); novelista, dramaturgo y poeta español.

7- "Arrima brasas para sus sardinas".

Poesías de Gabriel de la Concepción Valdez, conocido como Plácido, 1862; tercera edición.

Diccionario de Autoridades de la Real Academia de la Lengua, Madrid, España (1726-1739).

Diccionario de anécdotas, dichos, ilustraciones y locuciones populares, Rubén Gil.

8- "Barco grande, ande o no ande".

Dicho popular sin procedencia histórica.

Cita: Mahatma Gandhi (1869-1948); líder político de la India.

9- "Barriga llena, corazón contento".

Dicho popular sin procedencia histórica.

Cita: Henry Fielding (1707-1754); novelista y dramaturgo inglés.

10- "Cada quien tiene lo que se merece".

Dicho popular sin procedencia histórica.

Cita: Platón (428 a. C.- 348 a. C.), filósofo griego.

11- "Camarón que se duerme, se lo lleva la corriente".

Dicho popular sin procedencia histórica.

Cita: Napoleón Bonaparte (1769-1821); militar y leader francés.

12- "Contra viento y marea".

Aforismo marítimo.

Contra viento y marea. Volumen I (1962-1982) (1983).

• La suntuosa abundancia, ensayo sobre Fernando Botero (1984).

• Contra viento y marea. Volumen II (1972-1983) (1986).

• Contra viento y marea. Volumen III (1964-1988) (1990).

13- "Crea fama y échate a dormir".

Dicho popular sin procedencia histórica.

Cita: Edward Bulwer Lytton (1803-1873); novelista, poeta y dramaturgo inglés.

14- "Cría cuervos y te sacarán los ojos".

SANZ ELENA; ¿LOS CUERVOS DISTINGUEN LAS VOCES HUMANAS?

317

W I Boarmar & B Heinrich (1999). "Common Raven (Corvus Corax)" Birds of North América. Sitio Web

Berwick y de Alba, Duquesa de (1898). Catálogo de las colecciones expuestas en las vitrinas del Palacio de Liria. Madrid, España.

« "Mujer y santidad en el siglo XV": Alvaro de Luna y El Libro de las virtuosas e claras mugeres" ». Archivum: Revista de la Facultad de Filología (52-53): 255–288.

López de Mendoza, Íñigo (2005). Biblioteca Virtual Miguel de Cervantes, ed. Doctrinal de privados del Marqués de Santillana al maestre de Santiago don Álvaro de Luna.

Cita: Pitágoras (582 a C.-496 a C.); matemático, filósofo y místico griego.

15- "Da más vueltas que una Noria".

Oleson, John Peter (1984). Greek and Roman Mechanical Water-Lifting Devices: The History of a Technology (edición en inglés). University of Toronto.

Cita: Anatole France (1844-1924); escritor francés. Premio nobel de Literatura, 1921.

16- "Dar un cuarto al pregonero".

Los pregoneros de España desde el siglo XIV hasta el XIX.

Juan de Mal Lara (1524-1571); humanista, poeta y dramaturgo español, escribió sobre este dicho, en el 1568, en su libro titulado: Filosofía Vulgar.

17- "Debajo de una yagua vieja, salta tremendo alacrán".

Dicho popular sin procedencia histórica.

18- "Despacio se llega lejos".

Dicho popular sin procedencia histórica.

Cita: Mahatma Gandhi (1869-1948); abogado, pensador y político indio.

19- "Después de la tempestad, viene la calma".

Dicho popular sin procedencia histórica.

Cita: Gabriel García Márquez (1927-1914); escritor, novelista, editor, Guionista y periodista colombiano.

20- "Dime de qué alardeas y te diré de qué adoleces".

Cita: Salomón (1015 a. C.-928 a. C.); hijo del rey David; autor de los libros bíblicos: **"Eclesiastés, Proverbios y Cantar de los Cantares".**

21- "Donde manda capitán, no manda soldado".

Dicho popular sin procedencia histórica.

Cita: Bert Hallinger (1925) fundador del método fenomenológico sistémico transgeneracional de "Las Constelaciones Familiares".

22- "El castigo siempre viene a caballo".

Real Academia de la Lengua Española; 2004; edición nº 23, Madrid, España.

Biblioteca virtual Miguel de Cervantes.

Los primeros pasos en América, pág. 12.

Origen de los indígenas americanos; teoría poli-genética.

Mann, Charles C.; 2006: Una nueva historia de las Américas antes de Colón; Madrid/Taurus; págs. 232-234.

Citas:

a) Décimo Junio Juvenal (60 d. C.-128 d. C.); poeta satírico romano.

b) Arturo Graf (1848-1913); escritor y poeta italiano.

23- "El hombre propone y Dios dispone".

Proverbio 16:1.

Miguel de Cervantes: "El Quijote de la Mancha"; Tomo II, Cap. LV, Pg. 941.

Citado así; "El hombre pone y Dios dispone".

Cita: George Washington (1732-1799), Primer presidente de los Estados Unidos de América.

24- "El ojo del amo engorda el caballo".

Joaquín Bastús (1799-1873), en su libro titulado "La Sabiduría de la Naciones".

José María Iribarren; pág. 301.

Cita: Robert Louis Stevenson (1850-1894); novelista, ensayista y poeta escoses.

25 - "El pasajero se conoce por la maleta".

Dicho popular sin procedencia histórica.

Cita: Alexandre Dumas /Padre (1802-1870); escritor, novelista y dramaturgo francés.

26- "El que llega primero, bebe agua limpia".

Dicho popular sin procedencia histórica.

Cita: Platón (428 a. C.-348 a. C.); filósofo griego.

27- "Entre la espada y la pared".

Dicho popular sin procedencia histórica.

Cita: Mahatma Gandhi (1869-1948); abogado, pensador y político indio.

28- "Es peor el remedio que la enfermedad".

Dicho popular sin procedencia histórica.

Cita: David Hume (1711-1776); filósofo empirista escocés.

29- "Esperando la cigüeña".

2006: Berjerlein, Daria; Bloszyk, Jerzy; Gwiazdowicz J.; Ptaszyk, Jerzy; Halliday, Bruce: "Community Structure and Dispersal of Mitre (Acari, Mesostigmata) in nest of the White Stork (Ciconia Ciconia)".

Cramp, Stanley (ed), ed. (1977). Handbook of the Birds of Europe, the Middle East and North Africa, the Birds of the Western Palearctic, Volume 1: Ostrich to Ducks. Oxford: Oxford University Press.

Cita: Platón (428 a.C.-348 a.C.), Filósofo Griego.

30- "Esto es Jauja".

Jauja, ciudad de Perú fundada por el conquistador Francisco Pizarro, en el siglo XVI (25 de Abril del 1534). Fue la primera ciudad de Nueva Castilla.

Fundación de Jauja, el 23 de Mayo del 1908 y Lima el 18 de Enero del 1935. Publicado como Historia de Perú.

Cita: Séneca (4 a. C. – 65 a. C.); escritor, filosofo, orador y político romano.

31- "Hay que cortar por lo sano".

Dicho popular sin procedencia histórica.

Cita: Albert Einstein: "Lado oscuro de la historia de la ciencia"; publicado el 29 de agosto del 1948.

32- "Haz bien y no mires a quien".

Gálatas 6:10.

Eclesiástico, Sira cides 12.

33- "Hierba mala nunca muere".

Dicho popular sin procedencia histórica.

Cita: Calderón de la Barca (1600-1681); escritor, dramaturgo, militar y poeta barroco español del siglo de Oro.

34-"Hijo de gato, caza ratón".

Dicho popular sin procedencia histórica.

Cita: Pitágoras (582 a.C.-496 a.C.), matemático, filósofo y místico griego.

35-"Ir de capa caída".

Julio Casares Sánchez (1877-1964), filosofo, lexicógrafo y crítico literario español, en su libro "Introducción a la Lexicografía Moderna," Madrid 1950.

36- "La lengua es el castigo del cuerpo".

Dicho popular sin procedencia histórica.

Cita: Miguel de Cervantes (1547-1616), escritor español.

37- "La mona aunque se vista de seda, mona se queda".

Dicho popular sin procedencia histórica.

Cita: Moliere (1622-1673), escritor, dramaturgo y actor francés.

38- "La oveja mansa, se toma su leche y la ajena".

Dicho popular sin procedencia histórica.

39- "La practica hace la perfección".

Dicho popular sin procedencia histórica.

Cita: Ralph Waldo Emerson (1803-1882), escritor, filósofo y poeta.

40- "Las cosas claras, y el chocolate espeso".

Anécdotas del monje español Fray Aguilar; cuando estaba en América, envió plantas de Cacao al Monasterio de Piedra en España…

Cita: Marcos Tulio Cicerón (107 a. C.-43 a. C); abogado, orador, filosofo y político romano.

41- "Lo agarraron de chivo expiatorio".

La biblia, Levítico 16:8; 10:16 y 16:26.

El Viejo Testamento.

42- "Los pájaros le tiran a la escopeta".

"Los pájaros le tiran a la escopeta" es una frase tomada de la película de ficción del 1984. Fue dirigida por Ronaldo Díaz (nació en Cuba en el 1947); director de cine y guionista cubano.

Cita: Jean Jacques Rousseau (1712-1778); escritor, polimatía, músico, filosofo, botánico y naturalista suizo.

43- "Mataron la gallina de los huevos de oro".

Este dicho está basado en un cuento para niños producido por Félix María Samaniego, quien nació en la Guardia, Álava, España, el 12 de Octubre de 1745, y murió en el año 1801.

Cita: Napoleón Bonaparte ((1769-1821); militar y leader francés.

44- "Más vale estar solo que mal acompañado". George

Washington (1732-1799); militar y primer Presidente de los Estados Unidos de América.

Mangalwadi Vishal, pg. 405.

Robín Williams (1951-2014); actor y comediante estadounidense.

Robin Williams. London Evening Standard.

Kristobak, Ryan. "Robin Williams Quotes That Will Stay With Us".

Cita: Robín Williams (1951-2014); actor y comediante estadounidense.

45- "Más vale un viejo conocido que un nuevo por conocer".

Dicho popular sin procedencia histórica.

Cita: Miguel de Unamuno (1864-1936); escritor y filosofo español.

46-"Más viejo que Matusalén".

Génesis 5:15; 5:21; 5-27.

47- "No basta ser bueno, hay que parecerlo".

Dicho popular sin procedencia histórica.

Cita: Alejandro Magno, "el Grande" (356 a. C.-323 a. C.); rey de Macedonia, líder militar, conquistador del imperio Persa.

48- "No dejes camino real por vereda".

Dicho popular sin procedencia histórica.

Cita: Miguel de Cervantes Saavedra (1547-1616); escritor, novelista, poeta y dramaturgo español.

49- "No dejes para mañana, lo que puedes hacer hoy".

El Nuevo Testamento, Mateo 6:34 *"No os afanéis por el día de mañana, porque el día de mañana traerá su propio afán. Basta a cada día su propio mal".*

Cita: Ralph Waldo Emerson (1803-1882), escritor, filósofo y poeta americano, estadounidense.

50- "Nunca falta un pelo en un sancocho".

Dicho popular sin procedencia histórica.

Cita: Confucio (551 a. C.-479 a. C.); filosofo chino.

51- "Ojos vemos, corazones no sabemos".

Dicho popular sin procedencia histórica.

52- "Para cortarse las venas".

Dicho popular sin procedencia histórica.

Cita: Benjamín Franklin (1706-1790); político, científico e inventor estadounidense.

53- "Pelitos a la mar".

a) Homero (Siglo VIII a. C.); poeta griego, autor de las principales épicas Griegas, escribió en su obra *La Ilíada,* acerca del *"Aventado de sus Pelos".*

Citas:

b) Pitaco (640 a. C.-568 a. C.) rey de Mitilene, sabio de Grecia.

c) Pedro Calderón de la Barca (1600-1681); dramaturgo y poeta español

d) Séneca (4 a. C.-65 d. C.), su obra titulada, *"De la clemencia"* (escrita en el 56 d. C.).

Bibliografía

Guthrie, W.K.C. Historia de la filosofía griega VI.

Introducción a Aristóteles, Gredos, Madrid, España 1993; pp. 343-412.

54- "Perfumes buenos, vienen en frascos pequeños".

Dicho popular sin procedencia histórica.

Cita: Napoleón Bonaparte (1769-1821); militar y leader francés.

55- "Perro que ladra no muerde".

Dicho popular sin procedencia histórica.

Cita: Joseph Addison (1672 – 1719) escritor, autor de teatro, ensayista, poeta, político inglés.

56- "Predicando en el desierto".

El Nuevo Testamento, Mateo 4:1-11.

El Nuevo Testamento, Lucas 4:1-13.

Miguel de Cervantes: "El quijote de la Mancha"; I, p. 135; pp. 177, 178.

Whittaker HA: Studies in the Gospels; 1996, pg. 319.

57-"Que no te den gato por liebre".

a) Edad Media y siglo XVI.

Máxime Chevalier: "Literatura Oral y Ficción Cervantina" pg. 191.

Mauricio Malho; Pg. 217.

Agustín Redondo; "Tradición Carnavalesca y Creación Literaria" pg. 39.

Javier Salazar Rincón; "El Mundo Social del Quijote" Madrid, Gredos, 1986, cap. III.

b) Francisco Quevedo; "El Entremés de la Venta" obras completas; Vol. II, pg. 539.

Sebastián de Covarrubias; "Tesoro de la Lengua Castellana o Española", 1611; Madrid, Turner, 1979, pg. 632.

58- "Querer es poder".

Dicho popular sin procedencia histórica.

Cita: Albert Einstein (1879-1955); físico, científico alemán, nacionalizado suizo y estadounidense; Premio Nobel de Física 1921.

59-"Satisfecha yo y el mundo pago".

Dicho popular sin procedencia histórica.

Cita: Francisco Quevedo (1580-1645); escritor, político y noble español.

60- "Se ahoga en un vaso de agua".

Dicho popular sin procedencia histórica.

Cita: Antonio Cánovas del Castillo, del libro "El solitario y su tiempo" de Serafín Estébanez Calderón (1799-1867); escritor, poeta, crítico taurino, historiador y político español.

61- "Si ves que le cortan la barba a tu vecino, pon la tuya en remojo".

• Arcipreste de Talavera (1398-1470); mencionó el refrán como sigue: *"Quando la barba de tu vecino vieres pelar, pon la tuya de remojo"*.

• Hernán Núñez, "Refranes y Proverbios en Romance"1549, lo denominó así: *"Quando la barba de tu vecino pelar, echa la tuya a remojar"*.

• Capitán Francisco Draque, 1586, la presentó de esta manera: *"...Pues no velar es sumo desatino, viendo pelar las barbas del vezino"*.

• Sebastián Covarrubias en su libro titulado: Tesoro de la Lengua Española, 1611, lo citó de este modo: *"Quando vieres la barba de tu vezino pelar, echa la tuya a remojar"*.

•Esteban de Terrero, 1765 lo expuso de esta forma: *"Quando la barba de tu vecino vieres pelar, echa la tuya a remojar"*.

62- "Siempre hay un zapato viejo para un pie cansado".

"El Salvador, Violencia Intrafamiliar". Testimonio de un Grito Silencioso. Por Oscar Martínez de Pénate y Lidia Flores Montalvo, primera edición 2005.

63- "Tal para cual".

Dicho popular sin procedencia histórica.

Cita: Abraham Lincoln (1809-1865); 16th presidente de los Estados Unidos de América.

64- "Tanto da la gota en la piedra, hasta que le hace un hoyo".

Dicho popular sin procedencia histórica.

Cita: Voltaire (1694-1778); abogado, escritor, historiador y filósofo francés.

65- "Tenemos que oír las dos campanas".

Dicho popular sin procedencia histórica.

Cita: Platón (428 a C.-348 A. C); filósofo griego.

66- "Tiene cara de pocos amigos".

Dicho popular sin referencia histórica.

Cita: Julius Henry Marx (1890-1977); actor y humorista estadounidense.

67- "Todo el mundo es bueno hasta que se demuestre lo contrario".

Dicho popular sin referencia histórica.

Cita: Alexandre Dumas / Padre (1802 - 1870); escritor, dramaturgo y novelista francés.

68- "Torres más altas se han caído".

Dicho popular sin referencia histórica.

Cita: Alexandre Dumas / Padre (1802 - 1870); escritor, dramaturgo y novelista francés.

69- "Una atención vale mucho, y cuesta poco".

Dicho popular sin referencia histórica.

Cita: Rubén Darío (1867-1916); escritor, poeta, diplomático y periodista nicaragüense.

70- "Una fruta podrida daña todas las demás".

Dicho popular sin referencia histórica.

71- "Viene con el pan debajo del brazo".

Política y sociedad en el Imperio Otomano; Revista Alif #34, enero 2006.

"A history of East Asian Civilization: Volume I; Edwin Oldfather; Reischauer, John King Fairbank; Albert M. Craig.

72- "Yo hago de tripas corazón".

Enciclopedia Británica 2006; DVD 2009.

En el 1922 Alexander Fleming (1881-1955); científico escocés descubrió una enzima antimicrobiana: la *Lisozima*.

73- "Yo sé donde me aprieta el zapato".

Plutarco (46 0 50 a. C. – 129 a. C.); historiador, biógrafo y ensayista griego, en su obra «**Vidas Paralelas**» 1821, Vol. III; Madrid, España, editorial Gredos. Volumen I: Teseo & Rómulo; Licurgo & Numa. 1985.

Volumen II: Solón & Publícola; Temístocles & Camilo; Pericles & Fabio Máximo. 1996.

Volumen III: Coriolano & Alcibíades; Paulo Emilio & Timoleón; Pelópidas & Marcelo.

Volumen IV: Arístides & Catón; Filopemen & Flaminino; Pirro & Mario.

Volumen V: Lisandro & Sila; Cimón & Lúculo; Nicias & Craso. 2007.

Volumen VI: Alejandro & César; Agesilao & Pompeyo; Sertorio & Eumenes. 2007.

Volumen VII: Demetrio & Antonio; Arato & Artajerjes; Galba & Otón; Dión & Bruto.

Volumen VIII: Foción & Catón el Joven; Demóstenes & Cicerón; Agis & Cleómenes; Tiberio & Gayo Graco.

74- "Yo soy de monte y tierra llana".

Dicho popular sin referencia histórica.

Cita: José Martí (1853-1895); escritor, poeta, filósofo, periodista, político y masón cubano.

75- "Yo soy una tumba".

Dicho popular sin referencia histórica.

Cita: Lucio Anneo Séneca (4 a.C.-65 d.C.); escritor, filósofo romano.

DATOS DE: Wikipedia la Enciclopedia libre

COVER: PALACIO DE VIZCAYA

EL PRIMER DICHONARIO

DE

AMÉRICA

COLECCIÓN UNIVERSAL DEDICHOS

Vol. II

Nelfa Chevalier

BIBLIOGRAFÍA

Y

OBRAS DE LOS ESCRITORES

CITADOS EN LOS DICHOS

BIBLIOGRAFÍA

El Primer Dichonario de América, Colección Universal de Dichos, básicamente fue hecho con la recolección de dichos que mis padres me enseñaron: Ellos son: mi padre, Armando Domínguez (1909-1995), Periodista; y mi madre, Francia Román de Domínguez, (1921), Licenciada en Educación.

Muchas de estas expresiones mis padres las aprendieron, tanto de sus progenitores, como a través de las experiencias que ellos obtuvieron durante sus largas vidas. Luego en el diario vivir, ellos nos las transmitieron a nosotros los hijos. Es de esa forma que estos refranes van pasando de generación en generación.

Destacando, que toda esta Colección Universal de Dichos ha sido posible gracias a las contribuciones de refranes que recibí de mis padres como de mis amigos y personas conocidas de diferentes nacionalidades. Enfatizando que la mayoría de ellos se originaron siglos atrás.

La Biblia.

El Viejo y Nuevo Testamento han sido de gran utilidad en la elaboración de estos libros. Las frases bíblicas me han ayudado a llevar a todos los lectores, un mensaje de amor, paz espiritual, armonía y comprensión. Estas se han expuesto de acuerdo al texto que presenta cada uno de los dichos.

ESCRITORES CITADOS EN LOS DICHOS

En la mayoría de los dichos se muestran frases célebres de hombres famosos, iconos de las Ciencias, Artes y la Cultura en general, también ayudaron a la veracidad de algunas de las expresiones aquí citadas.

El nombre de los siguientes escritores está dispuesto en el orden sucesivo de las citas que expone cada expresión popular. Además se publican algunas de sus obras para que el lector pueda apreciar el valor humano del autor, inteligencia, calidad intelectual y su potencial de creatividad.

Todo lo que estos ilustres escritores poseían lo manifestaban a través de sus talentosos escritos, los cuales hoy día son un compendio de legados meritorios que enriquecen el mundo literario. Entre estas personalidades se encuentran los que han sido citados en este volumen I, y otros más que se exhiben en otros volúmenes de esta colección de sabiduría.

A continuación se muestran sus nombres y algunas de sus obras:

1) Albert Einstein (1879-1955); físico-científico alemán, nacionalizado suizo y estadounidense.

• Equivalencia entre Masa y Energía $E=mc^2$

• Efecto Fotoeléctrico.

• Física teórica.

• Mecánica Cuántica.

• Movimiento Browniano.

• Relatividad General.

• Teoría de la Relatividad.

• Teoría de la Relatividad Especial.

Conferencia de Ciencia, Filosofía y Religión en su Relación con la Forma de Vida Democrática, Science, Philosophy, and Religion, A Symposium (Simposio de ciencia, filosofía y religión), Nueva York, 1941.

Dukas, Helen, y Banesh Hoffman, Albert Einstein: The Human Side (Albert Einstein, el lado humano), Princeton University Press.

Clark, Ronald W. Einstein: The Life and Times.

2) Herófilo de Calcedonia (335 a. C.-280 a. C.); médico de la antigua Grecia.

• Herófilo: Tratado de la Alimentación.

Bibliografía

Roger Dachez (2008). Tallandier, ed. Histoire de la Médicine de I'Antiquité au S. XX; Pág. 635.

3) Miguel de Cervantes (1547-1616), Escritor, Dramaturgo, Novelista, Poeta y Soldado Español.

• Alonso A.: "Las prevaricaciones idiomáticas de Sancho", en Nueva Revista de Filología Hispánica, II, 1948.

• Anderson, Ellen y Pontón Gijón, Gonzalo: La composición del Quijote, Rico, 1998.

• Cervantes, Miguel de: Don Quijote de la Mancha, edición del IV Centenario (RAE), Alfaguara, 2004.

• Close, Anthony J.: Cervantes: pensamiento, personalidad, cultura, Rico, 1998.

• Sánchez, Alberto: Cervantes: bibliografía fundamental *(1900-1959)*, C.S.I.C., 1961.

• Rey Hazas, Antonio y Sevilla Arroyo, Florencio: Cervantes: vida y literatura, Ayuntamiento de Madrid, 1996.

• Rosales, Luis: Cervantes y la libertad, Gráficas Valera, 1960.

4) Mahatma Gandhi (1869-1948), Abogado, Pensador y Político Hindú.

• The Mahatma and Poet. Nueva Delhi (India): National Book Trust, 1997. Gandhi in Mumbai and Poona. Jan Oberg.

• Tolstói, maestro de Ganghi público, 6 de Febrero de 2010. Probablemente eso sea falso, ya que un hombre camina a 4 km/h (5 km/h, si camina rápido), por lo que tardaría 20 horas (sin contar los numerosos descansos) en caminar 80 km.

• Stanley WOLPERT: Gandhi's Passion: The Life and Legacy of Mahatma Gandhi (la pasión de Gandhi: la vida y el legado de Majatma Gandhi), pág. 226-227. Oxford University Press, 2001.

5) Henry Fielding (1707-1754); novelista y dramaturgo inglés.

Algunas de sus obras:

• Love in Several Masques (1728). Obra de teatro.

• Rape upon Rape (1730. Obra de teatro.

• The Tragedy of Tragedies; or, The Life and Death of Tom Thumb (1730). Obra de teatro.

• Grub-Street Opera (1731). Obra de teatro.

• The Modern Husband (1732). Obra de teatro.

• Don Quixote in England (1734). Obra de teatro, varias ediciones en castellano.

• Amelia 1751). Novela.

Bibliografía:

Vid. Hahn, George; Henry Fielding, and Annotated Biography, Scarecrow Press, 1979.

• Googles books.

6) Platón (428 a.C. 348 a.C.), Filósofo Griego.

• Platón (2011). Antonio Alegre Gorri. ed. *Obra completa*. Biblioteca de Grandes Pensadores. Madrid, España: Editorial Gredos.

• Plato". Encyclopaedia Britannica. 2002. Process and Reality p. 39

• Diogenes Laertius, Life of Plato, III
• Diogenes Laertius, Life of Plato, IV
• Diogenes Laertius, Life of Plato, V

7) Napoleón Bonaparte (1769-1821); militar y líder político francés. Emperador de Francia (1804); Rey de Italia (1805).

a) Fundador y gran maestro de la Legión de Honor.
b) Fundador y gran maestro de la Orden de la Corona de Hierro.
c) Fundador y gran maestro de la Orden de la Reunión.

Participación:

• Revolución Francesa.
• Guerras Francesas.
• Guerras Napoleónicas.
• Primer Imperio Francés.
• 18 de Brumario.
• Código Civil Francés.
• Caballo de Napoleón.

Bibliografía:

Aubry octave (1994): Vida Privada de Napoleón; Amaya y Mario Muchnik. ISBN 84-7979-154-3.

8) Edward Bulwer-Lytton (1803-1873); novelista, poeta, dramaturgo, político y periodista británico.

• Falkland (1827);3

• Pelham: or The Adventures of a Gentleman;1828.

- The Disowned; 1829.

- Paul Clifford; 1830.

- Eugene Aram;1832.

- Godolphin;1833.

- Falkland;1834.

- Harold, the Last of the Saxons;1848.

- The Caxtons: A Family Picture;1849.

- My Novel or Varieties in English Life;1853.

- "The Haunted and the Haunters" or "The House and the Brain"; 1857.

What Will He Do With It?; 1858.

- A Strange Story;1862.

- Kennelm Chillingly;1873.

Bibliografía:

Enciclopedia Británica 11ed. Volumen XVII.

9) Pitágoras (582 a.C.-496 a.C.), matemático, filósofo y místico griego.

Astronomía

Para Pitágoras la "Tierra" estaba en el centro del universo, y la órbita de la "Luna" inclinada hacia el "Ecuador" de la Tierra. Él fue de los primeros en revelar que el "Lucero del alba" era el mismo planeta que el "Lucero de la tarde".

Música

Pitágoras descubrió las leyes de los intervalos musicales regulares, que forman las relaciones aritméticas de la escala musical.

Matemáticas

- **El teorema de Pitágoras.**

• **El Teorema de Pitágoras**: Enunciado en un triangulo es: "la suma de los cuadrados de los catetos es igual al cuadrado de la hipotenusa".

• **Sólidos perfectos.** Demostración de la existencia de 5 poliedros regulares.

• **Ángulos interiores de un triángulo.** La suma de los ángulos interiores de un triángulo es igual a dos rectos, así como la generalización de este resultado a polígonos de n - lados.

• **La irracionalidad de la raíz cuadrada de 2.** Descubrimiento de la diagonal de un cuadrado de lado 1, la cual no puede expresarse como un cociente de números enteros.

• **Números perfectos** y **Números amigos**. Descubrimiento de un par de números denominados Amigos.

• **Números poligonales.** Los números poligonales son: triangular, cuadrangular, pentagonal, hexagonal, etc.

• **Tetraktys.** La Tetraktys es una figura triangular compuesta por diez puntos ordenados en cuatro filas. Los pitagóricos hacían sus juramentos en su nombre.

Bibliografía

Huffman, Carl, "Pythagoras". The Stanford Encyclopedia of Philosophy (Fall 2011 Edition), Edward N. Zalta (ed.).Versión en línea (en inglés).

William Keith Chambers Guthrie. A history of Greek philosophy, Volume 1: The earlier Presocratics and the Pythagoreans. Cambridge University Press, (en inglés).

10) Gabriel García Márquez (1927), Escritor, Editor, Guionista y Novelista y Periodista Colombiano.

• Bhalla, Alok, ed. (1987), García Márquez and Latin America, New Delhi: Sterling Publishers Private Limited.

• Perales Contreras, Jaime (2007), Review on Mario Vargas Llosa's book Historia de un deicidio, Washington D.C: Organization of American States.

• García Márquez, Gabriel (1982), Nobel Lecture, in Frängsmyr, Tore, Nobel Lectures, Literature 1981–1990, Singapore: World Scientific Publishing Co. 1993.

11) Salomón (1015 a. C.-928 a. C.); hijo del rey David; autor de los libros bíblicos: "Eclesiastés, Proverbios y Cantar de los cantares".

• Dubnow, Simón (1977). Manual de la Historia Judía. Buenos Aires: Sigal.

• Kochav, Sarah (2005). Grandes civilizaciones del pasado: Israel. Barcelona: Folio.

• Sed-Rajna, Gabrielle (2000). L'abecedaire du Judaïsme. París: Flammarion.

• Wilkinson, Philip (2008).

• Wilkinson, Philip (2011). Religiões. Río de Janeiro: Zahar.

12) Bert Hallinger (1925) fundador del método fenomenológico sistémico trans-generacional de "Las Constelaciones Familiares".

• Hellinger, B., Weber, G., & Beaumont, H. (1998). La simetría del amor: Phoenix, AZ: Zeig, Tucker & Theisen.

• Hellinger, B. & ten Hövel, G. (1999). Conversaciones con Bert Hellinger. Phoenix, AZ: Zeig, Tucker & Theisen.

• Hellinger, B. (2001). Las verdades del amor (M. Oberli-Turner & H. Beaumont, Trans.). Phoenix, AZ: Zeig, Tucker & Theisen.

• Hellinger, B. (2002). Perspicacias (J. ten Herkel, Trans.). Heidelberg, Germany: Carl-Auer-Systeme Verlag.

• Hellinger, B. (2002). Aforismos e historias de Bert Hellinger (R. Metzner, Trans.). Phoenix, AZ: Zeig, Tucker & Theisen.

• Hellinger, B. (2003). La paz comienza en el alma (C. Beaumont, Trans.). Heidelberg, Germany: Carl-Auer-Systeme Verlag.

• Hellinger, B. (2007). Con Dios en mente. Berchtesgaden, Germany: Hellinger Publications.

13) Décimo Junio Juvenal (60 d. C.-128 d. C.); poeta satírico romano. Autor de 16 Sátiras.

• Libro I: Sátiras 1-5

• Libro II: Sátira 6
• Libro III: Sátiras 7-9

• Libro IV: Sátiras 10-12

• Libro V: Sátiras 13

• El libro de sátira16 está incompleto.

14) Arturo Graf (1848-1913); escritor y poeta italiano.

Poesías

• Medusa, Loescher, Torino; 1880.

• Polve

• Dopo il tramonto, Treves, Milano; 1890.
• Le Danaidi, Loescher, Torino; 1897.

• Morgana,Treves, Milano; 1901.

• Poemetti drammatici, Treves, Milano; 1905.

• Rime della selva, Treves, Milano; 1906

Narrativas

• Poesie e Novelle di Gioventù, Loescher, Roma; 1876.

• Il Riscatto, Treves, Milano; 1901.

Bibliografía

Carlo Curto, Arturo Graf, in Letteratura italiana. I Minori, vol. IV, Milano, Marzorati, 1962, pp. 3127–3145.

Giuseppe Izzi, Graf, Arturo, in Dizionario Biografico degli italiani, vol. 58, Roma, Ist. Enc. Ital., 2002, pp. 366–373.

C. Allasia, «Gli studi cari ad entrambi». Lettere di A. Graf a F. Novati, in «Giornale Storico della Letteratura Italiana» CLXXI, 1994, pp. 226–257.

15) Alexandre Dumas-hijo (1824-1895); escritor y novelista francés.

Algunas de sus obras:

• Cesarina (1848) La Dama de las Camelias (1848)

• El doctor Servans (1849)

• Antonina (1849)

• El hijo del crimen o Tristán (1850)

• El hijo natural (1858) Un padre pródigo (1859) El amigo de las mujeres.

16) George Washington (1732-1799); político, oficial, agricultor, cartógrafo; Primer presidente de los Estados Unidos de América.

• Freeman, Douglas S. George Washington: A Biography. 7 volumes: 1948–1957.

• Hofstra, Warren R., ed. George Washington and the Virginia Backcountry. Madison House, 1998. Lengel, Edward G. General George Washington: A Military Life. New York: Random House, 2005.

• Ferling, John E. The First of Men: A Life of George Washington (1989).

• Fischer, David Hackett. Washington's Crossing. (2004).

17) Robert Louis Stevenson (1850-1894); novelista, ensayista y poeta escoses.

Algunas de sus obras incluyen las siguientes Novelas:

• La isla del tesoro; 1883.

• El príncipe Otón; 1885.

• El extraño caso del doctor Jekyll y el señor Hyde; 1886.

• Secuestrado; 1886.

• La flecha negra; 1888.

• El señor de Ballantrae; 1888.

• El muerto vivo (1889); con Lloyd Osbourne.

• Los traficantes de naufragios (1892); con Lloyd Osbourne; Editorial Valdemar, Madrid, 2005, ISBN: 978-84-7702-107-4.

• Catriona; 1893.

También este escritor escoses escribió libros de Cuentos, Poesías y sobre los Viajes.

18) David Hume (1711-1776); filósofo, sociólogo empirista y economista escocés.

• The History of England: volume I, II, III.

• Hume, David. José Luis Tasset, ed. 2012. Obra completa.

• Anderson, R. F. Hume's First Principles. University of Nebraska; 1966. Press, Lincoln.

• Ayer, A. J. Language, Truth and Logic. Londres.

• Broackes, Justin. Hume, David, ed. de Ted Hoderich; 1995. The Oxford Companion to Philosophy, Nueva York, Oxford University Press.

19) Lucio Anneo Séneca (4 a. C.- 65 d. C.); escritor, filosofo, orador y político romano.

Consolaciones:

• Consolación a Marcia (40 d. C.).

• Consolación a Helvia (42 d. C.).

• Consolación a Polibio (43 d. C.).

Diálogos:

• De la ira (41 d. C.)

• De la serenidad del alma (53 d. C.)

• De la brevedad de la vida (55 d. C.)

• De la firmeza del sabio (55 d. C.)

• De la clemencia (56 d. C.)

• De la vida bienaventurada o De la felicidad (58 d. C.)

• De los beneficios (59 d. C.)

• De la vida retirada o Del ocio (¿62? d. C.)

• De la providencia (63 d. C.)

Tragedias:

• Hércules furioso.

- Las troyanas.

- Medea.

- Hipólito.

- Edipo.

- Agamenón.

- Fedra.

- Octavia.

20) Moliere (1622-1673), escritor, dramaturgo y actor francés.

- Roy, Donald. "Molière." in Banham, Martin (ed.) The Cambridge Guide to Theatre, 1995, Cambridge University Press.

- Scott, Virginia. Molière, A Theatrical Life, 2000, Cambridge University Press.

- Claude Alberge, Voyage de Molière en Languedoc (1647-1657) (Presses du Languedoc, 1988)

- Russian writer Mikhail Bulgakov wrote a semi-fictitious biography-tribute to Molière, titled "Life of Mr. de Molière". Written 1932-1933, first published 1962.

- The French 1978 film titled Moliere directed by Ariane Mnouchkine, presents his complete biography. It was in competition for the Palme d'Or at Cannes in 1978.

21) Ralph Waldo Emerson (1803-1882), escritor, filósofo y poeta.

Allen, Gay Wilson (1981). Waldo Emerson. New York: Viking Press. ISBN 0-670-74866-8.

• Buell, Lawrence (2003). Emerson. Cambridge, Massachusetts: The Belknap Press of Harvard University Press. ISBN O-674-01139-2.

• McAleer, John (1984). Ralph Waldo Emerson: Days of Encounter. Boston: Little, Brown and Company. ISBN 0316553417.

• Packer, Barbara L. (2007). The Transcendentalists. The University of Georgia Press. ISBN 9780820329581.

• Rosenwald, Lawrence (1988). Emerson and the Art of the Diary. New York: Oxford University Press. ISBN 0-19-505333-8.

• Von Frank, Albert J. (1994). An Emerson Chronology. New York: G. K. Hall & Co. ISBN 0816172668.

22) Marco Tulio Cicerón (106 a.C.- 43 a. C.), Político, Filósofo, Orador y Escritor Romano.

• El libro de oro y el tratado de los beneficios. Traducción, prologo y notas por Juan Bautista Bergua. Clásicos Bergua. Madrid: Ediciones Ibéricas, La Crítica Literaria.

23) Jean Jacques Rousseau (1712-1778); escritor, músico, filosofo, botánico y naturalista suizo.

Algunas de sus obras:

• Projet concernant de nouveaux signes pour la musique: 1742

• Discours sur les sciences et les arts: 1750

• Le Devin du village, 1ª repr. en la Ópera, el 1-III-1752-1753.

• Lettres morales, de 1757-1758, publicación póstuma en 1888.

• Lettre sur la providence 1758.

• Du contrat social 1762.

• Lettres sur la législation de la Corse 1764.

• Dictionnaire de musique 1767 (escrito desde 1755).

• Pygmalion 1771.

Bibliografía

Rousseau, Jean-Jacques (1998). Correspondance complète de Rousseau : Édition complète des lettres, documents et index. Edición completa de las cartas, documentos e índice. 52 volúmenes. Oxford: Voltaire Foundation. ISBN 978-0-7294-0685-7.

Rousseau, Jean-Jacques (1959-1995). Œuvres complètes Obras completas; 5 volúmenes. Bibliothèque de la Pléiade (en francés). Paris: Gallimard.

Rousseau (2011). Sergio Sevilla, ed. Rousseau. Biblioteca de Grandes Pensadores. Madrid: Editorial Gredos.ISBN 9788424921286.

24) Miguel de Unamuno (1864-1936); escritor y filósofo español.

Obras narrativas:

• Paz en la guerra (1895); contexto de la tercera guerra carlista.

• Amor y Pedagogía (1902); lo cómico y lo trágico; lo absurdo de la sociología positivista.

• Recuerdos de niñez y mocedad (1908); autobiográfica.

• El espejo de la muerte (1913); cuentos.

• Niebla (1914), caracterizada por el mismo autor.

• En 1917; tema bíblico de Caín y Abel, representando la envidia.

• Tulio Montalbán (1920); novela corta.

Algunas de sus obras de Teatro:

• La esfinge; 1898.

• La venda; 1899.

• La princesa Doña Lambra; 1909.

- El pasado que vuelve; 1910.

- Soledad; 1921.

- Sombras de sueño; 1926.

- El hermano Juan o el Mundo es Teatro; 1929.

Bibliografía

José Luis Abellán; 1964. Miguel de Unamuno a la luz de la psicología; una interpretación de Unamuno desde la psicología individual. Tesis doctoral. Madrid: Tecnos.

GARRIDO ARDILA, Juan Antonio: ed. 2015. El Unamuno eterno. Barcelona: Anthropos.

25) Alejandro Magno, "el Grande" (356 a. C.-323 a. C.); rey de Macedonia, líder militar, conquistador del imperio persa.

Obras:

De Santis, Marc G. (2001). At The Crossroads of Conquest. Military Heritage. Volumen 3, No. 3: 46-55, 97. The King of Kings.

Caratini, Roger. Alejandro Magno.

Cosmelli Ibáñez, José (1983). Historia Antigua y Medieval. 37ª Edición.

Bibliografía

VV.AA: 1999. Nacimiento, hazañas y muerte de Alejandro de Macedonia: contenido de su vida, sus guerras, sus proezas. Introducción Carlos García Gual, traducción Carlos R. Méndez. Madrid: Editorial Gredos. ISBN 84-249-2000-7.

Renault, Mary. The Nature of Alexander.

26) Confucio (551 a. C. – 479 a. C.); educador, editor, político y filósofo chino.

Los cinco Clásicos:

1) Ching (clásico de los cambios).

2) Shujing (clásico de la historia).

3) Shi Jing (clásico de la poesía).

4) Liji (clásico de los ritos).

5) Chunqiu (memorias de primavera y otoño).

Los cuatro libros:

1) El gran saber

2) Doctrina de la Medianía.

3) Analectas de Confucio.

4) Mencio.

Bibliografía:

Marta Bueno (1979): Sabes quién, Sabiduría. Océano Grupo Editorial Barcelona. ISBN 84-7764-883-2.

27) Benjamín Franklin (1706-1790); político, científico e inventor estadounidense. Presidente de la sociedad filosófica estadounidense; 1743. Inventor del pararrayos en el 1753.

Sus 13 virtudes:

1) **Templanza**: No comas hasta el hastío; nunca bebas hasta la exaltación.

2) **Silencio**: Solo habla lo que pueda beneficiar a otros o a ti mismo; evita las conversaciones insignificantes.

3) **Orden**: Que todas tus cosas tengan su sitio; que todos tus asuntos tengan su momento.

4) **Determinación**: Resuélvete a realizar lo que deberías hacer; realiza sin fallas lo que resolviste.

5) **Frugalidad**: Solo gasta en lo que traiga un bien para otros o para ti; Ej.: no desperdicies nada.

6) **Diligencia**: No pierdas tiempo; ocúpate siempre en algo útil; corta todas las acciones innecesarias.

7) **Sinceridad**: No uses engaños que puedan lastimar, piensa inocente y justamente; y si hablas, habla en concordancia.

8) **Justicia**: No lastimes a nadie con injurias u omitiendo entregar los beneficios que son tú deber.

9) **Moderación**: Evita los extremos; abstente de injurias por resentimiento tanto como creas que las merecen.

10) **Limpieza**: No toleres la falta de limpieza en el cuerpo, vestido o habitación.

11) **Tranquilidad**: No te molestes por nimiedades o por accidentes comunes o inevitables.

12) **Castidad**: Frecuenta raramente el placer sexual; solo hazlo por salud o descendencia, nunca por hastío, debilidad o para injuriar la paz o reputación propia o de otra persona.

13) **Humildad**: Imita a Jesús y a Sócrates.

Sus poesías:

• La tragedia del faro.

• Canto a un marinero.

Bibliografía

Brands, H. W. The First American: The Life and Times of Benjamin Franklin (2010).

Baumgarten, Eduard (1936). Benjamin Franklin. Der Lehrmeister der Amerikanischen Revolution. Frankfurt am Main: Vittorio Klostermann.

Franklin, Benjamin (2001). Autobiografía. León: Universidad de León. ISBN 84-7719-945-0.

Isaacson, Walter (2003).

28) Pitaco de Mitilene (640 a. C.-568 a. C.) rey de Mitilene. Él fue uno de los siete sabios de Grecia. Los demás son: **Bías de Priene** (siglo VI antes de Cristo); **Cleóbulo de Lindos**, Roda (siglo VI antes de Cristo); **Periandro de Corintios** (siglo VI y VII antes de Cristo); **Quilón de Esparta** (siglo VI antes de Cristo); **Solón de Atenas** (638 a. C.-558 a. C.); **Tales de Mileto** (624 a. C.-546 a. C.).

29) Aristóteles (384 a.C. - 322 a.C.), Científico, Filósofo y Lógico de la Antigua Grecia.

• En su obra **"Ética Nicomáquea"** del siglo IV, él habló sobre el perdón.

• Obras Completas. Madrid: Editorial Gredos. 20 títulos publicados.

• Acerca de la generación y la corrupción. Tratados de historia natural.

30) Joseph Addison (1672 – 1719) escritor, autor de teatro, ensayista, poeta, político inglés.

Sus obras:

The Tatler

The Spectator

The guardian.

Teatro:

Tragedia Cato; 1713.

Campaine (The Campaign); 1704.

31) Samuel Smiles (1812-1904); escritor, gobernante reformador escocés.

• R. J. Morris, 'Samuel Smiles and the Genesis of Self-Help,' Historical Journal, 24 (1981), pp. 89–109.

• Jeffrey Richards, 'Spreading the Gospel of Self-Help: G. A. Henty and Samuel Smiles', Journal of Popular Culture, 16 (1982), pp. 52–65.

• Asa Briggs, Victorian People. A Reassessment of Persons and Themes. 1851-67 (Penguin, 1985).

• Peter W. Sinnema, 'Introduction', in Samuel Smiles, Self-Help (Oxford: Oxford University Press, 2002).

• Aileen Smiles, Samuel Smiles and His Surroundings (London: Robert Hale Limited, 1956).

32) Francisco Quevedo (1580-1645); escritor, político y noble español.

• Ayala, Francisco (1984). Cervantes y Quevedo. Barcelona: Ariel.

• Garciasol, Ramón de (seud. de Miguel Alonso Calvo) (1976). Quevedo. Pozuelo de Alarcón: Espasa Calpe.

• Gutiérrez, Carlos M. (2005). La espada, el rayo y la pluma: Quevedo y los campos literario y de poder. West Lafayette: Purdue UP.

• Jaramillo Cervilla, Manuel (1981). Personalidad y pensamiento político de Quevedo. Granada: Diputación Provincial de Granada.

• Jauralde Pou, Pablo (1998). Francisco de Quevedo (1580-1645). Madrid: Castalia.

• Crosby, James O., The sources of the text of Quevedo's Política de Dios. Millwood, New York: Kraus Reprint Co., 1975 (first edited, 1959).

• Quevedo, Francisco de. Edited and Translated by Christopher Johnson (2009). Selected Poetry of Francisco de Quevedo: A Bilingual Edition. University of Chicago Press.

Bibliografía

Derek W. Lomax, "Datos biográficos sobre el Arcipreste de Talavera", en Actas de la AIH IV, 1971, pp. 141-146http://cvc.cervantes.es/literatura/aih/pdf/04/aih_04_2_013.pdf

Deyermond, Alan D., "Historia de la literatura española", vol. 1: La Edad Media, Barcelona, Ariel, 2001. 1ª edición

33) Arcipreste de Talavera (1398-1470); escritor español.

Sus obras:

• Atalaya de las crónicas, 1443.

• El Corbacho o Reprobación del amor mundano, 1438.

• Vida de San Isidro.
• Vida de San Ildefonso.

Compilación histórica desde los reyes godos hasta Enrique III de España.

34) Hernán Núñez de Toledo (1475-1553); latinista, helenista, paremiógrafo y humanista español.

Sus obras:

• Glosa sobre las Trezientas de Juan de Mena, Sevilla (1499) y Granada (1505).

• L. Annaei Sénecae Opera, Basilea, 1529. Se hicieron diez ediciones hasta 1627.

• Observationes Fredenandi Pintiani in loca obscura et depravata Hist. Natur. C. Plinii, Salamanca, 1544.

• Refranes de la lengua castellana, Salamanca, 1555.

• Refranes o proverbios en romance (1555) de Hernán Núñez. Edición crítica de Louis Combet, Julia Sevilla, Germán Conde y Josep Guia. Madrid. Ediciones Guillermo Blázquez, 2001; 2 volumenes.

Bibliografía

Juan Signes Codoñer, Carmen Codoñer Merino, Arantxa Domingo
Malvadi, Biblioteca y epistolario de Hernán Núñez de Guzmán (El Pinciano). Una aproximación al humanismo español del siglo XVI, Madrid, CSIC, 2001.

Los refranes o proverbios en romance (1555), de Hernán Nuñez, Pinciano. Revista de Literatura. CSIC. 2002.

35) Capitán Francisco Draque (1543-1596); explorador, comerciante, político y vice-almirante de la Marina Real Británica.

36) Sebastián Covarrubias (1539-1613); lexicógrafo, criptógrafo, capellán del rey Felipe II, canónigo de la catedral de Cuenca y escritor español.

Sus obras:

• Tesoro de la Lengua Castellana o; 1611.

• Emblemas Morales de Don Ivan de Orozco y Covarruvias; 1610.

• Cancionero.
Bibliografía

Weiner, Jack (2003). El indispensable factótum Sebastián de Covarrubias Orozco (1539-1613): pedagogo, cortesano y administrador. En Artifara, núm. 2, (enero-junio de 2003).

Covarrubias Horozco, Sebastián de. (2001). Suplemento al Tesoro de la lengua castellana o española. Primera edición de Georgina Dopico y Jacques Lezra. Madrid: Polifemo.

Covarrubias Horozco, Sebastián de. (2006). Tesoro de la lengua castellana o española. Edición integral e ilustrada de Ignacio Arellano y Rafael Zafra. Madrid/Frankfurt: Universidad de Navarra/Iberoamericana ISBN 84-8489-074-0.

37) Esteban de Terrero (1707-1782); filólogo, lexicógrafo jesuita.

Algunas de sus obras:

• Conclusiones matemáticas..., Madrid: Manuel Fernández, 1748.

• Paleografía española.

• Diccionario castellano con las voces de ciencias y artes y sus correspondientes en tres lenguas: francesa, latina e italiana.

Bibliografía

Emilio Cotarelo y Mori: Diccionario Biográfico y Bibliográfico de Calígrafos Españoles, t. II, p. 269 en Auñamendi Eusko Entziklopedia.

38) Abraham Lincoln (1809-1965), Político Estadounidense, 16th Presidente de los Estados Unidos de América.

• Biografía de Abraham Lincoln, vida presidencial Proyecto Salón Hogar. Consultado el 28 de junio de 2008.

• Quotable. Consultado el 27 de junio de 2008.

• A. J. Pollock, "Underworld Speaks" (1935) pag. 115/2. Fue citado en el Oxford English Dictionary.

• Cathy Young «Co-opting Lincoln's sexuality», Boston Globe 31 de enero de 2005

39) Voltaire (1694-1778); abogado, escritor, historiador y filósofo francés.

• Catálogo de la biblioteca voltairiana, Adrien Jean Quentin Beuchot, colección única en manuscrito, las ediciones originales y las principales reimpresiones de cada una de las obras de Voltaire.

• Gay, Peter, Voltaire's Politics, The Poet as Realist, Yale University, 1988.

• Hadidi, Djavâd, Voltaire et l'Islam, Publications Orientalistes de France; 1974.

• Knapp, Betina L. Voltaire Revisited (2000) 228pp.

• Schwarzbach, Bertram Eugene, Voltaire's Old Testament Criticism, Librairie Droz, Geneva; 1971.

• Torrey, Norman L. The Spirit of Voltaire, Columbia University Press, 1938.

• "The Cambridge Companion to Voltaire", ed by Nicholas Cronk; 2009.

40) Julius Henry Marx conocido como Groucho Marx (1890-1977); actor y humorista estadounidense.

Sus libros:

• Groucho y Yo; 1959.

• Memorias de un amante sarnoso; 1963.

• Las cartas de Groucho; 1967.

• Camas; 1984.

• Groucho y Chico abogados: Flywheel, Shyster y Flywheel. (Barcelona: Tusquets editores; 1999.

• ¡Sálvese quien pueda! y otras historias inauditas (Plot ediciones, 2005)

Sus Películas

• Humor Risk (1921) (sólo se conservan unos pocos fragmentos)

• Los cuatro cocos; 1929.

• El conflicto de los Marx; 1930.

• Pistoleros de agua dulce; 1931.

• Plumas de caballo; 1932.

• Sopa de ganso; 1933.

Bibliografía

Billboard Magazine: Groucho Marx was the best comedian this country ever produced Woody Allen"; May 4, 1974; pg. 35.

Groucho Marx en Internet Movie Data base (en inglés).

Biografia especial de Groucho Marx: "Vida y Obra".

41) Alexandre Dumas / Padre (1802 - 1870); escritor, dramaturgo y novelista francés; conocido en Latinoamérica como **Alexandre Dumas / Padre**.

Sus obras más destacadas:

• Los Tres Mosqueteros, trilogía D'Artagnan 1; 1844.

• El Conde de Montecristo; 1845.

• Veinte años después, trilogía D'Artagnan 2; 1845.

• La Reina Margot, serie Guerras de religión 1; 1845.

Otras:

• El vizconde de Bragelonne, trilogía D'Artagnan 3; 1848.

• El tulipán Negro; 1850.

• Los mohicanos de París; 1854-59.

• El caso de la viuda Lafarge; 1866.

• El camino de Varennes; 1860.

• La dama pálida; 1849.

• Novelas de Terror:

• Blanca de Beaulieu; 1826.

• José Bálsamo, Memorias de un médico, serie Revolución Francesa 1; 1846.

• El caballero Héctor de Sainte-Hermine (1869). Esta obra fue exhumada de los fondos de la Biblioteca Nacional de Francia. Fue publicada por primera vez en el 2005.

Bibliografía

Biet/ Brighelli/ Rispail. Alexandre Dumas ou les aventures d´un romancier. 1986.

Clouard, Henri. Alexandre Dumas (biografía). 1957.

Goñi, Roberto. Alexandre Dumas. El autor y su obra. Edición Malfenti, no 4, 2002.

Reiss, Tom. Le Comte Noir, Flammarion, 2013.

BBC Mundo. «El verdadero y desconocido Conde de Montecristo»

42) Rubén Darío (1867-1916); escritor, poeta, diplomático y periodista nicaragüense.

Algunas de sus Poesías:

• Abrojos. Santiago de Chile: Imprenta Cervantes, 1887.

• Primeras notas (Epístolas y poemas, 1885). Managua: Tipografía Nacional, 1888.

• Prosas profanas y otros poemas. Buenos Aires, 1896. Segunda edición, ampliada: París, 1901.

• Cantos de vida y esperanza. Los cisnes y otros poemas. Madrid, Tipografía de Revistas de Archivos y Bibliotecas, 1905.

• Oda a Mitre. París: Imprimerie A. Eymeoud, 1906.

• El canto errante. Madrid, Tipografía de Archivos, 1907.

• Poema del otoño y otros poemas, Madrid: Biblioteca "Ateneo", 1910.

• Canto a la Argentina y otros poemas. Madrid, Imprenta Clásica Española, 1914.

Lira póstuma. Madrid, 1919.

Más información sobre las obras de Ruben Dario:

Fernández, Teodosio: Rubén Darío. Madrid, Historia 16 Quórum, 1987. Colección "Protagonistas de América". ISBN 84-7679-082-1.

Litvak, Lily (ed.): El Modernismo. Madrid: Taurus, 1986. ISBN 84-306-2081-8.

Login Jrade, Cathy: México: Fondo de Cultura Económica, 1986. ISBN 986-16-2480-7.

Ruiz Barrionuevo, Carmen: Rubén Darío. Madrid: Síntesis, 2002. ISBN 84-9756-048-5.

Vargas Vila, José María: "Rubén Darío". 1917.

Ward, Thomas: "El pensamiento religioso de Rubén Darío: "Revista Iberoamericana 55 (enero-junio de 1989): 363-75.

Darío, Rubén (1991). La vida de Rubén Darío escrita por él mismo; Caracas, Biblioteca Ayacucho; pág. 9.

43) José Martí (1853-1895); escritor, poeta, filósofo, periodista, político y masón cubano.

Sus principales obras:

• Ismaelillo; 1882.

• Versos sencillos; 1891.

• Versos libres; 1878-1882.

• Flores del destierro; 1878-1895.

Sus ensayos:

• El presidio político en Cuba; 1871.

• Nuestra América; 1891.

Bibliografía

ABEL, CHRISTOPHER; TORRENTS, NISSA, eds. (1986). José Martí, Revolutionary Democrat (en inglés). Durham, EE.UU: Duke University Press.

AGUIAR, FERNANDO (2012). «El modernismo republicano de José Martí». En AGUIAR, F.; GARCÍA, A.;RIBES, A. Entre líneas. Ensayos sobre literatura y sociedad (Madrid: CSIC). pp. 57-71.

AGRAMONTE Y PICHARDO, ROBERTO DANIEL (1971). Río Piedras: Universidad de Puerto Rico.

CRUZ, JACQUELINE (Marzo de 1992). «Esclava vencedora": La mujer, obra literaria de José Martí». Hispania (75.1): 30-37.

OTROS ESCRITORES:

Homero (Siglo VIII a. C.), Poeta Griego, Autor de las principales épicas Griegas.

• García Gual, Carlos (2004). La Odisea. Madrid: Alianza Editorial.

• Latacz, Joachim (2003). Troya y Homero. Barcelona: Ediciones Destino.

• Rodríguez Adrados, Francisco & Fernández-Galiano, Manuel & Gil, Luis & Lasso de la Vega, J. S. (1984). Introducción a Homero. Madrid: Labor Editorial.

• Rupérez Sánchez (1965). Nueva Antología de la "Ilíada" y la "Odisea". Madrid: CSIC (reeditado en Ediciones Clásicas).

William Shakespeare (1564-1616), Actor Dramaturgo y Poeta Inglés.

• Belsey, Catherine The Subject of Tragedy. Identity and difference in Renaissance Drama. Londres: Methuen, 1985. Londres: Routledge, 1991.

• Greenblatt, Stephen: *Will in the World: How Shakespeare Became Shakespeare.*

• Clemen, Wolfgang (2005a), Shakespeare's Dramatic Art: Collected Essays, New York: Routledge, ISBN 0415352789.

• Halio, Jay (1998), Romeo and Juliet: A Guide to the Play, Westport: Greenwood Press, ISBN 0313300895.

• The French 1978 film titled Moliere directed by Ariane Mnouchkine, presents his complete biography. It was in competition for the Palme d'Or at Cannes in 1978.

Benito Juárez (1812-1872), Abogado, Político Mexicano. Presidente de México.

• Juárez Benito, Apuntes para mis hijos. 1857?. PDF, con prólogo de Andrés Hernestrosa, Versión en Audio en tres partes: 1, 2, 3, Krauze, Enrique, Profesión Juarista.

• Frase pronunciada dentro de su Manifiesto al volver a la capital de la República al caer el II imperio mexicano, en la Ciudad de México el 15 de julio de 1867. Benito Juárez: Documentos, discursos y correspondencia, selección y notas de Jorge L. Tamayo, Secretaría del Patrimonio Nacional, México, 1967, t. 12, pp. 248-250. Una frase con una idea similar se cita en La Paz Perpetua (en inglés), de Immanuel Kant, en su discurso triunfal de la república sobre la Monarquía, después de la Revolución Francesa.

Samuel Smiles (1812 -1904), Escritor, Autor y Reformador Escocés.

• R. J. Morris, 'Samuel Smiles and the Genesis of Self-Help,' Historical Journal, 24 (1981), pp. 89–109.

• Jeffrey Richards, 'Spreading the Gospel of Self-Help: G. A. Henty and Samuel Smiles', Journal of Popular Culture, 16 (1982), pp. 52–65.

• Asa Briggs, *Victorian People. A Reassessment of Persons and Themes. 1851-67* (Penguin, 1985).

• Peter W. Sinnema, 'Introduction', in Samuel Smiles, *Self-Help* (Oxford: Oxford University Press, 2002).

• Aileen Smiles, *Samuel Smiles and His Surroundings* (London: Robert Hale Limited, 1956).

Louis Pasteur (1822-1895), Químico, Bacteriólogo, Micro-biólogo y Científico Francés.

• Tiner, John Hudson: "Louis Pasteur: Founder of Modern Medicine". Mott Media, 1990; ISBN 0-88062-159-1 (paperback). Biografía en inglés.

• Vallery Radot René Vie de Pasteur, Flammarion 1937

• Dr. Paul de Kruif, "Cazadorres de Microbios", Edigrama Ltada, Colombia, 2005.

• Pasteur Vallery-Radot, Letter to Paul Dupuy, 1939, quoted by Hilaire Cuny, *Pasteur et le mystère de la vie*, Paris, Seghers, 1963, p. 53–54. Patrice Pinet, Pasteur et la philosophie, Paris, 2005, p. 134–135, quotes analogous assertions of Pasteur Vallery-Radot, with references to Pasteur Vallery-Radot, *Pasteur inconnu*, p. 232, and André George, *Pasteur*, Paris, 1958, p. 187. According to Maurice Vallery-Radot (*Pasteur*, 1994, p. 378), the false quotation appeared for the first time in the Semaine religieuse

.... Du diocèse de Versailles, October 6, 1895, p. 153, shortly after the death of Pasteur.

Alexander Fleming (1881-1955), Doctor en Medicina y Científico Escocés.

• 14 November 1945; British Library Additional Manuscripts 56115: Brown, *Penicillin Man*, note 44 to Chapter 2

• A History of May & Baker 1834-1984, Alden Press 1984.

• Juan Eslava Galán. *Los años del miedo*, 2008.

Gabriel García Márquez (1927), Escritor, Editor, Guionista y Novelista y Periodista Colombiano.

• Bhalla, Alok, ed. (1987), García Márquez and Latin America, New Delhi: Sterling Publishers Private Limited.

• Perales Contreras, Jaime (2007), Review on Mario Vargas Llosa's book Historia de un deicidio, Washington D.C: Organization of American States.

• García Márquez, Gabriel (1982), Nobel Lecture, in Frängsmyr, Tore, Nobel Lectures, Literature 1981–1990, Singapore: World Scientific Publishing Co. 1993.

José Ortega y Gasset

• Personas, Obras, Cosas (People, Works, Things, articles and essays written 1904-1912: Renan, Adán en el Paraíso; Adam in Paradise, La pedagogía social como programa político. Pedagogy as a political program. Problemas culturales. Cultural problems, and others, published 1916)

• Prólogo para alemanes (Prologue for Germans, prologue to the third German edition of El tema de nuestro tiempo. Ortega himself prevented its publication "because of the events of Munich in 1934". It was finally published, in Spanish, in 1958.)

• History as a system (First published in English in 1935. the Spanish version, Historia de un Sistema, 1941, adds an essay. El Imperio Romano. The Roman Empire.

• El hombre y la gente (Man and the populace, course given 1949-1950 at the Institute of the Humanities, published 1957; Willard Trask's translation as Man and People published 1957; Partisan Review published parts of this translation in 1952) Papeles sobre Velázquez y Goya (Papers on Velázquez and Goya, 1950.

Mario Vargas Llosa

• Contra viento y marea. Volumen I (1962-1982) (1983)

• La suntuosa abundancia, ensayo sobre Fernando Botero (1984)

• Contra viento y marea. Volumen II (1972-1983) (1986)

• Contra viento y marea. Volumen III (1964-1988) (1990)

• La Verdad de las Mentiras; ensayos sobre la novela moderna

• Cevallos, Francisco Javier (1991), "García Márquez, Vargas Llosa, and Literary Criticism: Looking Back Prematurely." Latin American Research Review (Latin American Research Review, Vol. 26, No.1)

EL PRIMER DICHONARIO

DE

AMÉRICA
COLECCIÓN UNIVERSAL DE DICHOS

Vol. II

Nelfa Chevalier

MENSAJES BÍBLICOS

MENSAJES BÍBLICOS

Mensaje bíblico: Prov. 22:3: « **El hombre prevenido ve que viene la desgracia y se pone a resguardo; los tontos siguen adelante y pagan las consecuencias.** »

Mensaje bíblico: Prov.18:16; « **Un regalo abre las puertas.** »

Mensaje bíblico: Jesús dijo: « **Por sus frutos los conoceréis. No se cogen uvas de los espinos ni higos de los abrojos.** »

Mensaje bíblico: 2 Corintios 4:17: « **Porque esta leve tribulación momentánea produce en nosotros un cada vez más excelente y eterno peso de gloria.** »

Mensaje bíblico: La Biblia dice: Pedro 3:8; « **Sed todos de un mismo corazón, compasivos, amándoos fraternalmente, misericordiosos y amigables.** »

Mensaje bíblico: 1 Corintios 15:57: « **A Dios gracias, que nos da la victoria por medio de Jesucristo.** »

Mensaje bíblico: Prov. 3:28: « **No digas a tu prójimo: Anda, y vuelve, y mañana te daré, cuando tienes contigo qué darle.** »

Mensaje bíblico: Prov. 22:3: « **El hombre prevenido ve que viene la desgracia y se pone a resguardo; los tontos siguen adelante y pagan las consecuencias.** »

Mensaje bíblico: 1 Samuel 16:7: « **El hombre mira lo que está delante de sus ojos, más el Señor mira el corazón.** »

Mensaje bíblico: Prov. 23:7: « **Según piensas en tu alma, así es.** »

Mensaje bíblico: San Juan 6:56: Jesucristo dijo: « **No sólo de pan vive el hombre."** " **El que come mi carne y bebe mi sangre, en mi permanece, y yo en   él.**»

Mensaje bíblico: Lucas 16:10: Jesucristo dijo: «**El que es fiel en lo muy poco, también en lo más, es fiel; y el que en lo muy poco es injusto, también en lo más, es injusto.** »

Mensaje bíblico: Prov. 14:18: «**Los ingenuos sólo adquieren la estupidez, los hábiles podrán estar orgullosos de su saber.**»

Mensaje bíblico: Prov. 22:1: «**De más estima es la buena fama, que las muchas riquezas.** »

Mensaje bíblico: Efesios 6:2-3: «**Honra a tu padre y a tu madre, para que seas feliz y vivas una larga vida en la tierra.** »

Mensaje bíblico: Prov. 4:26; «**Examina la senda de tus pies, y todos tus caminos sean ordenados.** »

Mensaje bíblico: Prov. 3:21,23: «**Hijo mío, no se aparten estas cosas de tus ojos, guarda la ley y el consejo; y serán vida a tu alma, y gracia a tu cuello. Entonces andarás por tu camino confiadamente, y tu pie no trapazará.** »

Mensaje bíblico: Prov. 21:8: «**El camino del hombre perverso es torcido y extraño; más los hechos del limpio son rectos.** »

Mensaje bíblico: Prov. 12:4: «**Una mujer valiente es el orgullo de su marido.** »

Mensaje bíblico: David inspirado por el Espíritu Santo: «**Dijo el señor a mi señor: siéntate a mi derecha, y haré de tus enemigos estrado de tus pies.** »

Mensaje bíblico: Prov. 10:9: «**El que camina con integridad va seguro, pero el que toma caminos equivocados, pronto será desenmascarado.** »

Mensaje bíblico: Mateo 5-17-19: Jesucristo dijo: «**No he venido a abolir, sino a dar plenitud. Os aseguro que antes pasarán el cielo y la tierra que deje de cumplirse hasta la última letra o tilde de la ley.** »

Mensaje bíblico: Salmo 100:2: «**Servid a Jehová con alegría; venid ante su presencia con regocijo.** »

Mensaje bíblico: Salmo 103:6 «**Jehová es el que hace justicia y derecho a todos los que padecen de violencia.** »

Mensaje bíblico: Dice en la Biblia que una forma de aumentar las ganancias es con el Diezmo. El Levítico dice: «**Y todo el diezmo de la tierra, así sea de semillas o del fruto de los árboles, pertenecen al Señor. Es santificado al Señor.** »

Mensaje bíblico: Prov. 19:21: « **El hombre forja muchos proyectos, pero se realizará lo que Jehová decidió.** »

Mensaje bíblico: Lucas 11:34: Jesucristo dijo: « **La lámpara del cuerpo es tu ojo.** »

Mensaje bíblico: Salmo 103:3: « **Jehová es quien perdona todas tus iniquidades, el que sana todas tus dolencias.** »

Mensaje bíblico: Jesús dijo: « **Dejad que los niños vengan a mí, porque de ellos es el reino de los cielos.** »

Mensaje bíblico: Jesús dijo: « **Bienaventurados los limpios de Corazón, porque ellos verán a Dios.** »

Mensaje bíblico: Eclesiastés 9:11: « **Ni es de los ligeros la carrera, ni la guerra de los fuertes.** »

Mensaje bíblico: Salmo 46:1: « **Dios es nuestro amparo y fortaleza, nuestro auxilio en las tribulaciones.** »

Mensaje bíblico: Efesios 5:17: « **No seáis imprudentes, sino entendidos, de cuál sea la voluntad del Señor.** »

Mensaje bíblico: Lucas 6:37: « **No juzguéis, y no seréis juzgados. No condenéis, y no seréis condenados. Perdonad y seréis perdonados.** »

Mensaje bíblico: Coloneses 3:17: « **Y todo lo que hacéis de palabra o de hecho, hacedlo todo en el nombre del señor Jesús, dando gracias por medio de él, a Dios el Padre.** »

Mensaje bíblico: Isaías 40-29: « **Él da vigor al cansado, y multiplica las fuerzas al que no tiene ningunas.** »

Mensaje bíblico: 1 Corintios 12:26: « **Sí un miembro padece, todos los miembros se duelen de él, y sí un miembro recibe honra, todos los miembros con él se gozan.** »

Mensaje bíblico: « Nehemías 8:10: **"...no os entristezcáis, porque el gozo de Jehová es vuestra fuerza."** »

Mensaje bíblico: Jesús dijo: « **Por tus palabras serás condenado, y por tus palabras serás justificado.** »

Mensaje bíblico: San Juan 7:24: «**No juzguéis según las apariencias, sino juzgad con justo juicio.**»

Mensaje bíblico: Jesucristo dijo: « **Tal como piensa el hombre en su corazón, así es él.** »

Mensaje bíblico: Prov. 4:18: « **Más la senda de los justos es como la luz de la aurora, que va en aumento hasta que el día es perfecto.** »

Mensaje bíblico: Salmo 73:25: «**¿A quién tengo yo en los cielos? Y fuera de ti nada deseo en la tierra. Mi carne, mi corazón y mi porción es Dios para siempre**»

Mensaje bíblico: Prov. 12:3-5: « **El que hace el mal no está nunca seguro; el Justo, en cambio está bien arraigado. Los Justos tratan de hacer el bien; pero los proyectos de los Malos no son más que engaños.** »

Mensaje bíblico: Efesios 6:4: « **Padres, no provoquéis la ira en vuestros hijos, sino criadlos en disciplina y armonización del Señor.** »

Mensaje bíblico: hebreos 13:5: « **Sean vuestras costumbres sin avaricia, contentos con lo que tenéis ahora.** »

Mensaje bíblico: Mateo 7:16: « **Por sus frutos los conoceréis.** »

Mensaje bíblico: Prov. 17:17: « **En todo tiempo ama el amigo, y es como un hermano en tiempo de angustia.** »

Mensaje bíblico: Prov. 16:31: « **Corona de honra es la vejez que se halla en el camino de justicia.** »

Mensaje bíblico: hebreos 13:8: « **Jesucristo es el mismo ayer y hoy, y por los siglos.** »

Mensaje bíblico: San Juan 3:20: Jesucristo dijo: « **El que obra mal odia la luz, y no va a la luz.** »

Mensaje bíblico: La Biblia dice: « **Hoy es el día de salvación, Hoy es el día aceptado"; porque Dios vive un eterno presente, jamás anda apurado, y siempre está" en un sonriente reposo.** »

Mensaje bíblico: Deuteronomio 33:27: « **El eterno Dios es tu refugio, su eterno poder es tu apoyo…**»

Mensaje bíblico: Romanos 14:13: « **Por consiguiente, ya no nos juzguemos los unos a los otros; sino más bien decide esto: no poner obstáculo o piedra de tropiezo al hermano.** »

Mensaje bíblico: Jesucristo dijo: « **Todo lo que pidiereis al Padre en mi nombre lo haré, para que el padre sea glorificado en el hijo, si algo pidiereis en mi nombre, yo lo haré.** »

Mensaje bíblico: Salmo 92:12: « **El justo florecerá como la palmera; crecerá como cedro en el Líbano. Plantados en la casa de Jehová, en los atrios de nuestro Dios florecerán.** »

Mensaje bíblico: Salmos 86:10: « **Porque tú eres grande hacedor de maravillas; sólo tú eres Dios.** »

Mensaje bíblico: Filipenses 4-7: « **Y la paz de Dios, que sobrepuja todo entendimiento, guardará vuestros corazones.** »

Mensaje bíblico: Jesús dijo: « **Paz en la tierra a los hombres de Buena voluntad.** »

Mensaje bíblico: Prov. 1:20; « **La sabiduría clama en las calles, alza su voz en las plazas; clama en los principales lugares de reunión; en las entradas de las puertas de la ciudad dice sus razones.** »

Mensaje bíblico: Lucas 8:15: Jesucristo dijo: « **Más lo que cayó en buena tierra, estos son los que con Corazón bueno y recto retienen la palabra oída, y dan fruto con perseverancia.** »

Mensaje bíblico: Prov. 3:13: « **Bienaventurado el hombre que halla la sabiduría, y que obtiene la inteligencia; porque su ganancia es mejor que la ganancia de la plata, y sus frutos más que el oro fino.** »

Mensaje bíblico: 1 Corintios 1:27: « **Sino que lo necio del mundo escogió Dios, para avergonzar a los sabios; y lo débil del mundo escogió Dios para avergonzar a los fuertes.** »

Mensaje bíblico: Salmo 92:14: «**Aun en la vejez fructificarán; estarán vigorosos y fuertes.**»

Mensaje bíblico: Prov. 10:8: « **El hombre de corazón sabio acepta los consejos, mientras que el pretencioso corre a su perdición.** »

Mensaje bíblico: Prov. 14:9: « **Los necios se mofan del pecado; más entre los rectos hay buena voluntad.** »

Mensaje bíblico: San Juan 3:20; Jesucristo dijo: « **El que obra mal odia la luz, y no va a la luz.** »**Mensaje bíblico**: Prov. 15:1: « **La blanda respuesta quita la ira.** »

Mensaje bíblico: Salmos 43:3: «**Envía tu luz y tu verdad, éstas me guiarán, me conducirán a tu santo monte, a tus moradas.**»

Mensaje bíblico: Prov. 10:32: « **La bondad se hospeda en los labios del justo, y la corrupción, en la boca de los malvados.** »

Mensaje bíblico: Salmo 23:4: « **Aunque ande en valle de sombra de muerte, no temeré mal alguno, porque tú estarás conmigo; tu vara y tu cayado me infundirán aliento.** »

Mensaje bíblico: Génesis 96: « **El que derramare sangre del hombre, por el hombre su sangre será derramada.** »

Mensaje bíblico: Filipenses 1:9: « **Esto ruego, que vuestro amor abunde aún más y más.** »

Mensaje bíblico: Mateo 6:25; Jesucristo dijo: « **Mirad las aves del cielo como ellas no siembran, ni siegan, ni recogen en graneros; y vuestro Padre Celestial las alimenta ¿No valéis vosotros mucho más que ellas?** »

Mensaje bíblico: Salmos 71:20,21: « **Tú, que me has hecho ver muchas angustias y males, volverás a darme vida, y de nuevo me levantarás de los abismos de la tierra. Aumentarás mi grandeza, y volverás a consolarme.** »

Mensaje bíblico: Eclesiastés 7:14; « **En el día del bien goza del bien; y en el día de la adversidad considera. Dios hizo tanto lo uno como lo otro, a fin de que el hombre nada halle después de él.** »

Mensaje bíblico: Jesús dijo: « **Bienaventurados los pobres en el espíritu porque de ellos es el Reino de los Cielos.** »

Mensaje bíblico: Prov. 25:9: « **Trata tu causa con tu compañero, y no descubras el secreto a otro.** »

PORTADA POSTERIOR

El Primer Dichonario de América es una *Colección Universal de Dichos*, *la cual reúne dichos históricos, famosos y populares denominados en las siguientes categorías:* **paremias, refranes, adagios, máximas, aforismos, apotegmas, axiomas o proverbios**. *Todos estos enunciados forman parte del legado cultural de nuestros ancestros; y en su contenido expresan una* **máxima, una observación o un consejo de sabiduría popular**. *En los diferentes tomos de esta colección se encuentran muchas de estas frases llamadas universales, porque se dicen en la mayoría de los países. Todas, gracias a la gente que las creó con sabiduría, utilizando un léxico apropiado que puede ser expresado e interpretado porque las mismas fueron construidas dándole un sentido alegórico. Por lo tanto, estas se consideran válidas en todos los tiempos.*

Muchas de esas frases surgieron de experiencias de la gente a través de su diario vivir. Un sinnúmero de estas locuciones cruzaron los límites del tiempo transportadas precisamente por seres humanos, quienes las han ayudado a viajar de generación a generación. Debido a su trayectoria y la sapiencia de su contenido, estas expresiones se presentan en distintas conversaciones. Del mismo modo, sus vocabularios son influyentes en anuncios publicitarios, haciéndolos más atractivos al espectador. Este libro está dirigido a todas las personas que desean conocer el origen de los dichos y también, a aquellos que les gusta disfrutar de frases célebres, famosas o populares. Estos compendios contienen evidencias de experiencias de muchos humanos, quienes las transmitieron por medio de mensajes hablados o escritos.

Es debido a todo lo antes mencionado, que todos estos adagios forman parte de la herencia de todos los humanos. Y siempre es importante conocer los criterios de nuestros antepasados. Adicionalmente, estas memorias podrían ser beneficiosas para las personas que desean obtener una actitud positiva hacia la vida. En ese sentido he incluido recomendaciones Bíblicas. Estos son mensajes que fortalecen el espíritu del ser humano ayudándolo a conducir su vida auxiliado de la reflexión. Esa es la vía más fehaciente de manejar nuestros asuntos con sabiduría y dignidad. Un modo además, que nos permite vivir en paz y armonía; pero si se nos presentan dificultades, mediante la reflexión podemos analizarlas, conducirlas, vencerlas o superarlas de manera apropiada.

Mensaje Bíblico: «**El nombre del Señor es una Torre Fuerte, el Pensador Correcto entra en ella, y está Salvado**».

Made in the USA
Columbia, SC
28 October 2022

70106245R10204